Theologische Studien

Neue Folge

T V Z

Theologische Studien

Neue Folge

herausgegeben von
Thomas Schlag, Reiner Anselm,
Jörg Frey, Philipp Stoellger

Die Theologischen Studien, Neue Folge, stellen aktuelle öffentlichkeits- und gesellschaftsrelevante Themen auf dem Stand der gegenwärtigen theologischen Fachdebatte profiliert dar. Dazu nehmen führende Vertreterinnen und Verreter der unterschiedlichen Disziplinen – von der Exegese über die Kirchengeschichte bis hin zu Systematischer und Praktischer Theologie – die Erkenntnisse ihrer Disziplin auf und beziehen sie auf eine spezifische, gegenwartsbezogene Fragestellung. Ziel ist es, einer theologisch interessierten Leserschaft auf anspruchsvollem und zugleich verständlichem Niveau den Beitrag aktueller Fachwissenschaft zur theologischen Gegenwartsdeutung vor Augen zu führen.

Theologische Studien

NF 1 – 2010

Ulrich H. J. Körtner

Reformatorische Theologie im 21. Jahrhundert

T V Z
Theologischer Verlag Zürich

Gedruckt mit freundliche Unterstützung der Ulrich Neuenschwander-Stiftung

Bibliografische Informationen der Deutschen Nationalbibliothek

Die Deutsche Nationalbibliothek verzeichnet diese Publikation in der Deutschen Nationalbibliografie; detaillierte bibliografische Daten sind im Internet über http://dnb.d-nb.de abrufbar.

Umschlaggestaltung: Simone Ackermann, Zürich

Druck: ROSCH-BUCH GmbH, Scheßlitz

ISBN 978-3-290-17800-0

© 2010 Theologischer Verlag Zürich

www.tvz-verlag.ch

Alle Rechte vorbehalten

Inhalt

Vorwort

Was haben wir unter reformatorischer Theologie zu verstehen, und welche Potentiale bietet das Erbe der Reformation für unsere Gegenwart? Diese Fragen stellt das vorliegende Bändchen weniger in historischer als in systematischer Absicht. So notwendig es zunächst ist, sich historisch über das Grundanliegen der Reformation, ihrer inneren Einheit und Vielfalt zu verständigen, geht es im Folgenden doch nicht in erster Linie um eine kirchengeschichtliche Bestandsaufnahme, welche die Sache fachlich Berufenerer ist, sondern um systematisch-theologische Zugänge zu der Gedankenwelt der Reformatoren des 16. Jahrhunderts. So sehr die Reformation auch die Moderne vorbereitet hat und bis heute prägt, so sehr ist das reformatorische Erbe gravierenden Transformationsprozessen ausgesetzt, in denen Versuche einer Neuaneignung reformatorischen Denkens Erscheinungsformen der Distanzierung und Fremdheitserfahrungen gegenüberstehen. Ist für die einen das theologische Erbe der Reformation die Norm ihres eigenen Denkens, so für andere Gegenstand der Kritik, wobei die Theologie der Reformatoren nicht nur zwischen den Konfessionen, sondern auch innerhalb des Protestantismus dem Konflikt der Interpretationen ausgesetzt ist.

Reformatorische Theologie, wie der Begriff hier gebraucht wird, ist nicht mit der historischen Rekonstruktion der Theologie der Reformatoren oder einer Quersumme ihres Denkens zu verwechseln, auch nicht mit einer ungeschichtlichen Wiederholung theologischer Lehraussagen des 16. Jahrhunderts. Gemeint ist vielmehr eine gegenwartstaugliche Theologie, die sich an den grundlegenden Einsichten der Reformation orientiert. Eine sich an der Reformation orientierende Theologie ist von der Überzeugung getragen, dass die Werke eines Luther, eines Zwingli, eines Melanchthon oder eines Calvin unserer Gegenwart Maßgebliches zu sagen haben und auch für uns eine Schule theologischer Urteils- und Kritikfähigkeit sind. Reformatorische Theologie in dem hier in Rede stehenden Sinne lässt sich freilich nur so treiben, dass die Sachanliegen der Reformation in anderen Worten als denen des 16. Jahrhunderts formuliert werden, während die bloße Wiederholung reformatorischer Theologoumena in der Gefahr steht, die Sache der Reformatoren zu verfehlen. Jeder Versuch einer Neuformulierung reformatorischer Grundgedanken stellt ein Wagnis dar, ist aber aufgrund des hermeneutischen Problems aller Theologie eine unabweisbare Aufgabe.

Die vorliegende Skizze reformatorischer Theologie geht davon aus, dass die Lehre von der bedingungslosen Annahme und Rechtfertigung des Gottlosen und die aus ihr abgeleitete Kirchenkritik nicht der alleinige Inhalt, wohl aber das theologische Zentrum der Reformation ist. Nach einem einleitenden Kapitel zum Begriff des Reformatorischen wird darum zunächst nach der Bedeutung der Rechtfertigungslehre für unsere Gegenwart gefragt. Die Rechtfertigungslehre aber ist als Freiheitslehre zu verstehen, deren Impulse und Implikationen für das Freiheitsproblem in der Moderne im dritten Kapitel diskutiert werden. Maßstab und Quelle christlichen Glaubens und Lebens aber ist nach reformatorischem Verständnis die Bibel, verstanden und gelesen als Heilige Schrift, weil in ihr das gewiss machende Evangelium von der bedingungslosen Rechtfertigung des Gottlosen ursprünglich und maßgeblich bezeugt wird. Das reformatorische Schriftverständnis und seine Bedeutung für die Gegenwart sind Gegenstand des vierten Kapitels. Überlegungen zum Verhältnis von Reformation und Moderne im fünften Kapitel sollen meine Skizze reformatorischer Theologie abschließen.

Der Einladung der Herausgeber, den Eröffnungsband für die neue Folge der Theologischen Studien zu schreiben, bin ich gern gefolgt. Ihnen danke ich ebenso herzlich wie meinem Mitarbeiter Mag. Felix Hulla, der mit bei den Recherchen behilflich war und das Manuskript sowie die Druckfahnen Korrektur gelesen hat. Auch Herrn PD Dr. Andreas Klein danke ich herzlich für seine Unterstützung bei den Korrekturen.

Wien, im April 2010 Ulrich H. J. Körtner

1. Was ist reformatorisch?

Wie reformatorisch war die Reformation? Die Frage mag auf den ersten Blick überraschen. Sie wird jedoch verständlich, wenn man bedenkt, wie sehr die Reformationsforschung in den vergangenen Jahrzehnten in Bewegung geraten ist. Ob man die Reformation als einheitliches historisches Phänomen beschreiben kann, ist heute ebenso umstritten wie der Begriff des Reformatorischen und seine inhaltliche Bestimmung.

Begriffsgeschichte

Spätestens seit dem 19. Jahrhundert wird «Reformation» als Epochenbegriff verwendet, als Bezeichnung für die durch Martin Luther, Ulrich Zwingli und andere ihnen Gleichgesinnte ausgelösten Vorgänge, die im Verlauf des 16. Jahrhunderts zu einer dauerhaften Aufspaltung des abendländischen Christentums führten. Im Ergebnis entstanden voneinander getrennte Konfessionskirchen. Während die Trennung zwischen den evangelischen Kirchen und der römisch-katholischen Kirche bis heute fortbesteht, haben etliche der aus der Reformation hervorgegangenen Kirchen mit der Leuenberger Konkordie von 1973 die Basis für eine Kirchengemeinschaft gefunden, in der die innerevangelischen Trennungen der zurückliegenden Jahrhunderte überwunden worden sind.

Paradoxerweise ist der Begriff der Reformation kein genuin reformatorischer. Das will sagen: Er ist bereits im mittelalterlichen Sprachgebrauch beheimatet, während er von den Reformatoren des 16. Jahrhunderts selbst auffällig zurückhaltend und sparsam verwendet worden ist.[1] Im mittelalterlichen Sprachgebrauch wird die Vokabel «reformare» weitgehend parallel benutzt mit «renovare», «innovare», «restituere», «instituere», «regenerare», «reviviscere», «suscitare», «resuscitare», «surgere», «renasci». Sprachgeschichtlich sind also Reformation und Renaissance Synonyme. Beide Begriffe bezeichnen ein in der Verwirklichung begriffenes eschatologisches Geschehen, wobei erkennbar neutestamentliche Aussagen über die Neuschöpfung der Welt und die

---

1 Zum folgenden vgl. *W. Maurer*, Art. Reformation; *U. Köpf*, Art. Reformation; *G. Seebaß*, Art. Reformation.

Wiedergeburt des Menschen aufgenommen werden. Der ursprünglichen Vorstellung nach handelt es sich also um einen mysterienhaft-sakramentalen Vorgang, wobei sich politisch-soziale und religiöse Hoffnungen im Mittelalter wechselseitig durchdringen. Nicht nur für die Kirche, sondern auch für das Heilige Römische Reich und alle Bereiche des Lebens wird eine Reformation ersehnt. Im ausgehenden Mittelalter nimmt die Reformationshoffnung utopisch-schwärmerische Züge an, die in den Umwälzungen des 16. Jahrhunderts auf vielfältige Weise nachwirken. Bekanntlich haben nicht erst Luther und Zwingli, sondern z.B. schon Franz von Assisi und Joachim von Fiore eine umfassende Reformation angestrebt, hierbei auf die Kraft der monastischen Bewegungen des Hochmittelalters setzend.

Wie der Reformationsbegriff wörtlich besagt, geht es um eine Erneuerung, welche zugleich zu den Ursprüngen, zum Anfang aller Geschichte zurückführt. Die Welt soll in den Zustand adamitischer Reinheit, die Kirche zur apostolischen Vollkommenheit rückverwandelt werden. Hierbei hat der Reformationsbegriff gesetzliche Implikationen, soll doch in der weltlichen Gesellschaft das reine Naturrecht, in der Kirche aber das vollkommene Gesetz Christi und der Apostel verwirklicht werden. An dieser Stelle unterscheidet sich übrigens der mittelalterliche Reformationsbegriff vom Begriff der Renaissance. Während nämlich die Reformation im mittelalterlichen Sinne die Durchsetzung eines ursprünglich geltenden, inzwischen verachteten, jetzt aber neu aufgerichteten Gesetzes zum Ziel hat, kann die Vorstellung der Renaissance neben dem christlich-mysterienhaften ein naturalistisch-heidnisches Element in sich tragen und die antike Vorstellung von einer im ewigen Kreislauf der Natur stattfindenden Wiederkehr aller Dinge übernehmen. Die Vorstellung eines urzeitlichen Gesetzes, welchem neue Geltung zu verschaffen ist, ist dagegen für das Denken der Renaissance nicht bestimmend.

Reformation im strengen Sinne des mittelalterlichen Sprachgebrauchs bezeichnet die Rückführung zu einer Norm, wobei die zu verwirklichende Norm immer religiösen Ursprungs ist. Das im Mittelalter vorherrschende Grundverständnis von Reformation geht letztlich auf Augustin zurück. Im augustinischen Sinne bedeutet die Norm, an welcher sich alle Reformation zu orientieren hat, freilich nicht ein Gesetz, sondern eine Person, nämlich Christus, welche das Ebenbild des lebendigen Gottes ist, nach welchem der sündige Mensch kraft des Glaubens neu gestaltet werden soll. Schon bei Augustin nimmt diese personale Norm freilich Züge eines Gesetzes an, insofern die Notwendigkeit der Reformation mit den Forderungen des Mönchtums verknüpft werden. In der mittelalterlichen Kirche ist das Mönchtum die institutionalisierte Dauerreform der Kirche, die Reformation in Permanenz. In immer neuen Anläufen versucht das abendländische Mönchtum im Verlauf seiner Geschichte das Gesetz Christi vollkommen zu erfüllen und, ausgehend von der klösterlichen Gemeinschaft, in Kirche und Welt durchzusetzen. Das ist der Grundgedanke des monastischen Reformationsverständnisses seit der cluniazensischen Reform.

Im Spätmittelalter verbinden sich Renaissancemotive mit der Vorstellung einer umfassenden Reformation von Kirche und Welt. Einerseits findet der antike Naturrechtsgedanke Aufnahme, dem zufolge die menschliche Gesellschaft wieder in einen gottgewollten Ursprungszustand versetzt werden soll. Andererseits bricht sich die Idee eines kontinuierlichen geschichtlichen Verfalls Bahn, wodurch der Reformationsbegriff teilweise eine apokalyptische Färbung erhält. Die Weltgeschichte wird dreiteilig periodisiert: Auf einen Zustand ursprünglicher Vollkommenheit folgte eine lange Periode fortschreitender Dekadenz, nun aber wird der Anbruch einer neuen Idealzeit erhofft. In dieser Form ist der Reformationsbegriff volkstümlich geworden, wie zahlreiche Flugschriften und Gedichte des 15. und 16. Jahrhunderts beweisen. Der Reformationsbegriff kann im Ausgang des Mittelalters in Verbindung mit der Rezeption römischen Rechts aber auch eine spezifisch juridische Bedeutung annehmen und die verschiedenen Reformen der Reichsordnung, des Städterechtes und der Landrechte bezeichnen.

Vor dem Hintergrund der vielfältigen Motive des Reformationsbegriffs im Spätmittelalter fällt um so mehr auf, dass Martin Luther diesen Terminus nur im juridischen Sinne, kaum aber in seiner utopisch-apokalyptischen Bedeutung verwendet hat. Er verstand sich selbst nicht als Reformator, nicht als Bringer einer neuen Zeit. Nicht Einzelgestalten der Geschichte, sondern Christus und sein Evangelium stehen an der Wende der Zeiten. Wohl muss die Verkündigung des Evangeliums erneuert und diesem in der Kirche neu Gehör verschafft werden. Doch eine umfassende Reform von Kirche und Welt erwartet Luther nicht unmittelbar, schon gar nicht in Verbindung mit seinem eigenen Wirken, sondern von der Zukunft, die Gott allein kennt. «Die Zeit dieser Reformation aber kennt allein der, der die Zeiten geschaffen hat.»[2] Im Übrigen verwendet Luther den Reformationsbegriff nur

---

2 WA 1, 627, 27ff; 6, 258, 14ff; 422, 10. 17f; 425, 26; 438, 33; 18, 626, 9ff.

im juridischen Sinne, meist negativ über gesetzgeberische Reformbemühungen im 15. Jahrhundert urteilend, positiv aber im Blick auf die Reform der Universität und ihrer Fakultäten.[3]

Noch sparsamer geht Luthers Weggefährte Philipp Melanchthon mit dem Reformationsbegriff um und übt selbst gegenüber dem altrechtlichen Sprachgebrauch äußerste Zurückhaltung. Während der Begriff «Reformation» von ihm gelegentlich im juristischen Sinne im Blick auf die evangelischen Reformvorschläge angewendet wird, vermeidet es Melanchthon selbst noch nach Luthers Tod, dessen Lebenswerk als Reformation zu charakterisieren. In seiner Würdigung Luthers aus Anlass seines zweiten Todestages spricht Melanchthon lediglich davon, dass durch Luther «das Licht des Evangeliums wieder entzündet» worden sei.[4] Im Sinn des Renaissancegedankens wird Luther dafür gedankt, «die Kirche aufs Neue zu den Quellen zurückgerufen» zu haben. Erst die spätere lutherische Geschichtsschreibung – der Sache nach, aber noch nicht explizit bereits Matthias Flacius – deutet die verschiedenen spätmittelalterlichen Reformationsbemühungen als Weissagungen auf Luthers Werk und dieses selbst als die eigentliche Reformation der Kirche. Offenbar war es Veit Ludwig von Seckendorf, der 1688 in einer Verteidigungsschrift gegen den Jesuiten Maimbourg erstmals Luthers Wirken ausdrücklich als «reformatio religionis» bezeichnete. Hierbei wirkt freilich der altrechtliche Sprachgebrauch nach, was darauf zurückzuführen ist, dass in den evangelischen Territorien inzwischen ein neues Ordnungsgefüge entstanden war, welches nun freilich nicht mehr durch das altkanonische Recht, sondern durch das von Luther wieder ans Licht gebrachte Wort Gottes bestimmt wurde.

Die historiographische Sicht der von Wittenberg und Zürich ausgehenden Umwälzungen als Reformation ist vor allem durch die reformierte Entwicklungslinie des evangelischen Glaubens vertreten worden, die hierbei ihrerseits unter humanistischem Einfluss steht. Zwingli hatte seine Wirksamkeit mit der von ihm gehegten Hoffnung auf eine Wiederherstellung des Christentums (*spes renascenti Christi et evangelii*) in Verbindung gebracht und auch Calvins Nachfolger Theodor Beza sprach im humanistischen Sinne von der Renaissance und dem Wachstum der reformierten Kirchen. Seit dem Ende des

---

3 WA 6, 457ff.

4 CR 11, 783–788.

17. Jahrhunderts setzt sich auch in der allgemeinen Geschichtsschreibung der Reformationsbegriff für die in Rede stehende Epoche durch, wobei die Datierung ihres Anfangs und die innere Einheit der ihr zuzurechnenden Bewegungen bis heute strittig geblieben ist.

Einheit und Vielfalt der Reformation

Ob es *die* Reformation überhaupt gegeben hat oder ob es sich bei ihr lediglich um ein historiographisches Konstrukt späterer Generationen handelt, ist in den beiden letzten Jahrzehnten Gegenstand von kirchenhistorischen und theologischen Debatten geworden. Der Begriff des Reformatorischen bezeichnet eben nicht nur eine historische Epoche, sondern zugleich die aus ihr abgeleiteten theologischen Normen und identitätsstiftenden Grundüberzeugungen evangelischen Glaubens und evangelischer Kirchen.

Die neuere kirchengeschichtliche Forschung hat das Bild von der einen Reformation, die mit Luther ihren Anfang nahm und sich erst im weiteren Verlauf in verschiedene Richtungen aufspaltete, gründlich revidiert. So gewiss Luther die impulsgebende und zentrale Gestalt der Reformation in ihren Anfängen war, so wenig dürfen die Reformation und das Reformatorische auf Luther beschränkt werden. Zwar haben sich alle übrigen Reformatoren mehr oder weniger intensiv auf Luther und seine Rechtfertigungslehre bezogen, doch ist das einseitige Bild von der Reformation als Luther-Rezeption, das im Bann der durch den Kirchenhistoriker Karl Holl eingeleiteten Lutherrenaissance steht, in den vergangen Jahren zurechtgerückt worden. Weder Zwingli noch Johannes Calvin, der bedeutendste Reformator der zweiten Generation, lassen sich hinreichend als Schüler Luthers verstehen. Eine solche Sicht führt auch zu einer theologischen Verengung, wonach die Übereinstimmung mit Luther oder die Abweichung von ihm zum Maßstab des Reformatorischen erklärt wird. Abgesehen davon, dass Luther selbst eine theologische Entwicklung vollzogen hat, so dass schon die Frage entsteht, welcher Luther denn nun zur theologischen Norm erklärt werden soll – der frühe oder der späte –, und abgesehen davon, dass es innerhalb des Luthertums schon im 16. Jahrhundert über die authentische und rechtmäßige Gestalt lutherischer Lehre zu heftigen Auseinandersetzungen kam, führt eine Gleichsetzung von Luther und Reformation dazu, dass jede Abweichung von Luthers Denken negativ als Abfall vom normativen Ursprung, als Verfallsgeschichte oder als «Wildwuchs» apostrophiert wird. Zwingli oder auch Calvin – um nur diese Reformatoren zu nennen – agierten nicht nur in einem anderen politischen Kontext als Luther und Melanchthon, sondern ihre Theologie folgte durchaus anderen Organisationsprinzipien als diejenige Luthers. Davon abgesehen, steht Luthers umfangreiches Werk, das praktisch ganz aus Gelegenheitsschriften besteht, die in ihrem jeweiligen historischen Kontext interpretiert werden müssen, auch systematisch-theologisch im Konflikt der Interpretationen und Auslegungsschulen. Der Kirchenhistoriker Volker Leppin spricht gar vom «Vexierbild»[5] Luther und vertritt die These, dass die Zentralstellung der Rechtfertigungslehre bei Luther «einem Klärungsprozeß entsprang, der dem realhistorischen Geschehen der Reformation nicht vorausging, sondern ihn begleitete und verarbeitete»[6].

Ob und inwiefern man in Anbetracht der Vielfalt reformatorischer Bewegungen überhaupt noch von der Reformation als einheitlicher Realität sprechen kann, mit der geschichtlich etwas Neues entstanden ist, wird heute unterschiedlich beantwortet. Auf der einen Seite steht die These, dass aus kirchenhistorischer Sicht nach wie vor auf dem epochalen Umbruchcharakter der Reformation und ihrer theologischen Einheit zu beharren ist. Wie schon Bernd Moeller sieht z. B. Thomas Kaufmann in Luther weiterhin die «Schlüsselfigur der reformatorischen Bewegung, sowohl im Hinblick auf ihre Kohärenz als auch in Bezug auf die Pluriformität ihrer Ausprägungen»[7]. In diesem Sinne ist es auch zu verstehen, wenn Moeller von der «Lutherischen Engführung» der frühen Reformation spricht.[8] Die Gegenposition vertritt Dorothea Wendebourg. Ihrer Auffassung nach war es die Gegenreformation, d. h. der von außen kommende Druck auf die verschiedenen reformatorischen Bewegungen, welcher die Einheit der Reformation allererst schuf.[9] Volker Leppin hat diese These dahingehend modifiziert, dass das Vorgehen Roms gegen die durchaus disparaten Bewegungen auf eine Gemeinsamkeit verweise, nämlich die Lehre vom allgemeinen Priestertum, also die Aufhebung der Unterscheidung von Klerikern und Laien, die für Luther mit der Rechtfertigungslehre

---

5 *V. Leppin*, Wie reformatorisch war die Reformation?, S. 170ff.

6 *V. Leppin*, Wie reformatorisch war die Reformation?, S. 173.

7 *Th. Kaufmann*, Luther und die reformatorische Bewegung in Deutschland, S. 196.

8 Vgl. *B. Moeller*, Frühzeit der Reformation, S. 193; ders., Die Rezeption Luthers, S. 21;

9 Vgl. *D. Wendebourg*, Die Einheit der Reformation als historisches Problem.

zusammenhing und in allen reformatorischen Bewegungen «systemsprengend» wirkte. Leppin zeichnet freilich das Bild eines langen kirchenhistorischen Prozesses, der schon im Mittelalter beginnt und erst in der Aufklärung seinen Gipfel erreicht. Obwohl er mit einem Begriff Bernd Hamms[10] vom systemsprengenden Charakter der Lehre vom allgemeinen Priestertum und ihrer Verbindung von theologischem Denken und Umgestaltung von Kirche und Gesellschaft spricht, vermag er in der Reformation geschichtlich und theologisch keinen epochalen Umbruch zu erkennen.

Während Leppin die Reformation als kontinuierlichen Transformationsprozess beschreibt, interpretiert sie Hamm überzeugender mit Hilfe des Emergenzbegriffs. Auch Hamm rückt also von der traditionellen These von der Reformation als plötzlichem Umbruch ab, hält aber den Transformationsbegriff nicht für ausreichend, «um den systemsprengenden Innovationscharakter der Reformation insgesamt zu verstehen»[11]. Emergenz im Sinne Hamms bedeutet die «Verbindung von Kontinuität und qualitativem Sprung»[12], der im Ergebnis doch zu Brüchen mit den bestehenden kirchlichen und theologischen Verhältnissen geführt hat, zum systemsprengenden Bruch nicht nur mit dem hierarchischen Prinzip in der Kirche und der Unterscheidung von Klerikern und Laien, sondern vor allem auch im Heilsverständnis und in der Rechtfertigungslehre.[13] Verglichen mit der spätmittelalterlichen Barmherzigkeitstheologie, welche die Mitwirkung des Menschen an seinem Heil auf ein Minimum reduzierte, ist der Schritt zur Rechtfertigungslehre Luthers, wonach der Mensch rein gar nichts zu seinem Heil beisteuern kann, sondern allein aufgrund der göttlichen Gnade und allein aufgrund seines Glaubens an das ihn von seiner Sünde freisprechende Wort gerettet wird, einerseits «eine fast schon logische Fortsetzung» und andererseits doch «ein kontingenter qualitativer Sprung»[14]. Die Reformation bedeutet demnach nicht eine kontinuierliche Weiterentwicklung von Gedanken der spätmittelalterlichen Theologie, sondern führt im Ergebnis durchaus zum Abbruch bisheriger Prozesse und zum Beginn von qualitativ neuen Entwicklungen. Der komplexe, systemtheoretisch begründete Emergenzbegriff Hamms,

---

[10] Vgl. *B. Hamm*, Was ist reformatorische Rechtfertigungslehre?, S. 3.
[11] *B. Hamm*, Die Emergenz der Reformation, S. 8.
[12] *B. Hamm*, Die Emergenz der Reformation, S. 12.
[13] Vgl. *B. Hamm*, Was ist reformatorische Rechtfertigungslehre?
[14] Ebd.

der in sachlicher Nähe zu Modellen der Chaosforschung steht, stellt in Rechnung, dass man das Neue nicht ohne das Bisherige verstehen kann, betont aber, dass dies das Neue eben nicht lückenlos kausal ableiten lässt, weil das Ganze mehr ist als die Summe seiner Teile, so dass man doch von einer überraschenden, sprunghaften Zäsur sprechen muss.[15] Ähnlich argumentiert der Reformationshistoriker Heiko A. Oberman: Wer Luther ganz in der Kontinuität der franziskanisch-nominalistischen Theologie und ihrer Metaphysik verstehen wolle, werde der Innovationskraft des Wittenberger Reformators nicht gerecht. «Auf der Grundlage dieser Prämissen wird uns […] auch die intensivste Forschung keinerlei Erkenntnisse über Luthers Denken liefern.»[16]

Zwei Reformationen

Die Einheit der Reformation besteht in der inneren Kohärenz der unterschiedlichen reformatorischen Bewegungen, jedoch nicht im Sinne von Einheitlichkeit und Gleichförmigkeit. Im Blick auf die Vielfalt der Reformationen, sind wir durchaus berechtigt, von Reformationen im Plural zu sprechen. So ist neben der lutherischen Reformation die reformierte Reformation in ihrer Eigenständigkeit zu würdigen. Außer durch Zwingli ist diese Reformation vor allem durch Johannes Calvin und Zwinglis Nachfolger Heinrich Bullinger geprägt worden, zwischen denen eine enge Freundschaft und lebenslange Partnerschaft bestand. Sie reicht über den Consensus Tigurinus von 1549, die von Calvin und Bullinger geschlossene Übereinkunft in der Abendmahlsfrage, weit hinaus.

Calvin (1509–1564) und Bullinger (1504–1575) repräsentieren die zweite Generation der Reformation. Abgesehen von den Unterschieden, die zwischen den politischen und soziokulturellen Kontexten der Reformation in lutherischen Gebieten einerseits, der Schweiz und Frankreich andererseits bestehen, hat sich auch die kirchliche Situation inzwischen grundlegend geändert. Luther glaubte noch an die *eine* Kirche, die an Haupt und Gliedern reformiert werden sollte. Calvin und Bullinger wirken dagegen zu einer Zeit, in der sich der konfessionelle Gegensatz zwischen Reformation und römischer Kirche verfestigte. Für Calvin besteht jedoch schon die Trennung der wahren

---

[15] *B. Hamm*, Die Emergenz der Reformation, S. 16f.

[16] *H. A. Oberman*, Zwei Reformationen, S. 49.

katholischen Kirche von der römischen Kirche, die sich der Wahrheit des Evangeliums verschließt. Seine Ekklesiologie und seine praktischen Kirchenreformen, welche auf die äußere und innere Ordnung der Kirche größten Wert legen, gehen nicht mehr von der Voraussetzung aus, dass die katholische Kirche in absehbarer Zeit auf den Weg der Reformation einschwenken könnte, sondern stellt den fundamentalen, um nicht zu sagen kontradiktorischen theologischen Gegensatz in Rechnung, wie er durch das Rechtfertigungsdekret des Konzils zu Trient (1545–1563) markiert wird.

Calvin war der erste evangelische Theologe, der das 1546 verabschiedete tridentinische Rechtfertigungsdekret einer gründlichen Kritik unterzog.[17] In seiner Streitschrift von 1547, die den Titel «Gegengift» trägt, bringt Calvin den Gegensatz und damit auch die durch Luther erstmals klar ausformulierte Rechtfertigungslehre auf den Punkt, nachdem sich zuvor das Tridentinum in seiner sechsten Sitzung 1546 ausdrücklich gegen Luthers Lehre von der Rechtfertigung des Sünders allein durch den Glauben und Calvins Lehre von der Erwählungsgewissheit gewandt hatte. Für Luther bedeutet Glaube unbedingte Heilsgewissheit (*certitudo*), die freilich von jeder äußeren Sicherheit (*securitas*) zu unterscheiden ist. Nach Calvin gründet die Gewissheit des Glaubens in der bedingungslosen Gnadenwahl Gottes. Dagegen erklärt das Konzil zu Trient, niemand könne mit solcher Gewissheit (*certitudo*) des Glaubens wissen, dass er die Gnade Gottes erlangt habe.[18] Es sei eine Irrlehre zu behaupten, «daß diejenigen, die wahrhaft gerechtfertigt wurden, völlig ohne jeden Zweifel bei sich selbst feststellen müßten, sie seien gerechtfertigt, und daß nur der von den Sünden losgesprochen und gerechtfertigt werde, der fest glaube, er sei losgesprochen und gerechtfertigt worden, und daß allein durch diesen Glauben [*sola fide*] die Lossprechung und Rechtfertigung vollendet werde».[19]

Calvin kontert: «Die Zerstörung des Glaubens und die Aufhebung der Gewissheit ist ein und dasselbe.»[20] Wenn die römische Kirche

---

[17] Calvin-Studienausgabe, Bd. 3, S. 137ff.

[18] Lateinischer Text: «cum nullus scire valeat certitudine fidei, cui non potest subesse falsum, se gratiam Dei esse consecutum» (zitiert nach Calvin-Studienausgabe, Bd. 3, S. 126).

[19] Zitiert nach Calvin-Studienausgabe, Bd. 3, S. 125.

[20] Calvin-Studienausgabe, Bd. 3, S. 169. Lateinischer Text (a.a.O., S. 128): «fidem destrui, simul ac tollitur certitudo».

lehrt, dass der Mensch erst dann gerechtfertigt wird, wenn er zum Gehorsam gegenüber Gott und zur Erfüllung seiner Gebote gebessert werde, würde die Argumentation des Apostels Paulus auf den Kopf gestellt. Dass Rechtfertigung und Heiligung zusammengehören, steht für Calvin außer Frage, beides ist aber nicht dasselbe.[21] Und keinesfalls sei der Glaube im reformatorischen Sinne mit einer unangefochtenen Selbstsicherheit zu verwechseln. «Weit entfernt, daß für uns die Zuversicht des ewigen Lebens […] sicher und unerschütterlich feststeht.»[22] Solange der Glaubende nur auf sich selbst schaut, kann es weder Gewissheit noch Sicherheit geben. Der Hauptpunkt der Kontroverse dreht sich um die Frage, auf welche Weise der Mensch vor Gott gerechtfertigt wird. Calvins Antwort lautet: «Gott ist uns *deshalb* gnädig, weil er mit uns durch den Tod Christi versöhnt ist. Wir werden *deshalb* vor ihm selbst als gerecht beurteilt, weil unsere Ungerechtigkeiten durch jenes Opfer gesühnt sind.»[23] Der Grund der Rechtfertigung besteht einzig und allein in der freien und gnädigen Annahme durch Gott. Dieser Grund liegt außerhalb des glaubenden Menschen (*extra nos*): «weil wir allein in Christus (in solo Christo) gerecht sind»[24]. Es ist diese Bedingungslosigkeit der rechtfertigenden Gnade Gottes, die den Systembruch mit der katholischen Kirche und ihrer Lehre markiert.

Luthers Formeln «allein durch den Glauben», «allein aus Gnaden», «Christus allein», «allein die Schrift» finden sich wörtlich bei Calvin wieder. Dennoch darf die reformierte Reformation nicht allein an ihrer Übereinstimmung mit Luther gemessen werden, wie es auch historisch nicht sachgemäß ist, «das Reformatorische auf die Rechtfertigungslehre und die daraus unmittelbar abgeleitete Kirchenkritik zu begrenzen»[25]. Sehr wohl aber kann man in der Rechtfertigungslehre «die impulsgebende Mitte der Reformation»[26] finden. Das ist, wie Calvins Antwort auf das Tridentinum zeigt, keineswegs eine unhistorische Behauptung späterer Generationen, sondern entspricht zumindest Calvins eigenem Verständnis von Reformation und Gegenreformation.

---

21 Calvin-Studienausgabe, Bd. 3, S. 149f.
22 Calvin-Studienausgabe, Bd. 3, S. 149.
23 Calvin-Studienausgabe, Bd. 3, S. 155.
24 Calvin-Studienausgabe, Bd. 3, S. 151.
25 *B. Hamm*, Was ist reformatorische Rechtfertigungslehre?, S. 38.
26 Ebd.

Kann und muss man von zwei Reformationen sprechen, so ist dagegen die Rede von einer «zweiten Reformation» irreführend, den Jürgen Moltmann unter irrtümlicher Bezugnahme auf eine Äußerung des Melanchthon-Schülers Christoph Pezels in die Forschung eingeführt hat.[27] Wie Moltmann versteht auch Heinz Schilling unter zweiter Reformation die Ausbildung eines reformierten Bekenntnisses oder einer reformierten Landeskirche in vormals lutherischen Gebieten in Deutschland.[28] Die durch Luther eingeleitete Entwicklung wäre demnach als «erste Reformation» zu verstehen, womit abermals einseitig historiographisch und systematisch die Normativität Luthers behauptet würde. Stattdessen spricht man heute neutral von «Konfessionalisierung» und unterscheidet eine reformierte von einer lutherischen und einer katholischen Konfessionalisierung.[29]

Bei allen theologischen Gemeinsamkeiten lassen sich doch auch zwischen Luther und Calvin als den Identifikationsfiguren der beiden Reformationen grundlegende Unterschiede ausmachen, die ihr Verhältnis zur Moderne betreffen. Diese Unterschiede gründen vor allem in der voneinander abweichenden religiösen Deutung der geschichtlichen Gegenwart. Luther verstand die Gegenwart als Endzeit. Ohne seine apokalyptisch gefärbte Naherwartung und den Realismus seiner Gerichtsvorstellung lässt sich seine Rechtfertigungslehre gar nicht angemessen begreifen. Mit dem Verblassen des eschatologischen Horizontes aber hängen, wie wir noch sehen werden, die zunehmenden Verständnisschwierigkeiten zusammen, mit denen die reformatorische Rechtfertigungslehre heute zu kämpfen hat. Ob Luther noch in das Spätmittelalter gehört, ob er den Anfang der Moderne markiert oder ob seine Theologie im Gegenteil eine vorweggenommene Kritik der Moderne formuliert, die in größerer Kontinuität zum vorreformatorischen Denken des Spätmittelalters als zum Erbe Luthers steht, ist eine Frage aus der Retrospektive, auf die wir später noch zurückkommen werden. Luther selbst lebte jedenfalls nicht am Vorabend der Moderne, sondern am Ende der Zeiten. Genau das unterscheidet ihn von Erasmus und Calvin.[30]

Für das Verhältnis von Reformation und Moderne ist auch die unterschiedliche Stellung von Luther und Calvin zur theologischen Tra-

---

27 Vgl. *J. Moltmann*, Christoph Pezel (1539–1604) und der Calvinismus in Bremen.

28 *H. Schilling*, Das Problem der «Zweiten Reformation».

29 Vgl. *H. Klueting*, «Zweite Reformation».

30 Vgl. *H.A. Oberman*, Zwei Reformationen, S. 84.115.

dition bedeutsam. Im Spätmittelalter standen sich zwei theologische Richtungen gegenüber, die *via antiqua* und die *via moderna.* Während sich erstere maßgeblich an der Theologie des Thomas von Aquin (1225–1274) ausrichtete, folgte die *via moderna* der philosophischen und theologischen Richtung, die Wilhelm von Ockham (ca. 1285–1347) eingeschlagen hatte. Luther wurde während seiner theologischen Ausbildung durch die *via moderna* geprägt, die er durch seine Lehrer in Erfurt und die Lektüre der Werke Gabriel Biels (ca. 1413/14–1495) kennenlernte. In gewisser Weise verstand sich Luther sogar als Schüler Ockhams, wie er gelegentlich äußerte.[31] Die geistesgeschichtlichen Wurzeln jener Epoche, die wir heute als Moderne bezeichnen, liegen jedoch keineswegs nur in der *via moderna* des Spätmittelalters, sondern mindestens ebenso in der *via antiqua.* Die reformierte Reformation und Calvin distanzierten sich niemals derart von der *via antiqua,* wie Luther es tat. Einer der Gründe besteht darin, dass der Reformator von Genf die gesamte Scholastik einschließlich der *via moderna* für viel zu überholt hielt, um von ihr noch irgendetwas retten zu wollen.[32] Hinzu kommen die unterschiedlichen gesellschaftlichen Kontexte, in denen sich Luther und Calvin bewegten. Die veränderten politischen und kirchlichen Verhältnisse nötigten Calvin dazu, seine theologischen Gedanken zu systematisieren, um der bedrängten reformatorischen Bewegung «unter dem Kreuz» eine feste Grundlage zu geben. Unter dem zunehmenden Druck des tridentinischen Katholizismus nahm die reformierte Theologie immer mehr die Gestalt eines festen Lehrsystems an. «So kam es, dass der Calvinismus eine präzise Zusammenfassung der Grundprinzipien der Heiligen Schrift durch ganz Europa bis zu den Ufern der Neuen Welt trug. Von nun an verwandelte der internationale Protestantismus Luthers Verteidigung des Katholizismus in ein entschieden antikatholisches Programm für das Leben und Denken.»[33]

Reformatorisch – protestantisch – evangelisch

Fragen wir nach den bisherigen Ausführungen nochmals wie sich die Begriffe Reform und Reformation zueinander verhalten, so ist der

---

31 WA.TR 2,516,6 (Nr. 2544a).

32 Vgl. *H.A. Oberman*, Zwei Reformationen, S. 107.

33 *H.A. Oberman*, Zwei Reformationen, S. 108.

Unterschied zwischen beiden nach evangelischem Verständnis kein gradueller, sondern ein kategorialer. Die Zurückhaltung der Reformatoren gegenüber dem überkommenen Begriff Reformation erklärt sich daraus, dass er stets im Sinne einer von Menschen zu bewerkstelligenden Reform verstanden wurde. Ist aber die Kirche grundlegend eine Schöpfung des Wortes Gottes, so bezeichnet der Begriff Wort Gottes im reformatorischen Sinne nicht etwa nur die Norm, sondern die schöpferische Kraft, welche das eigentliche Subjekt jeder wahren Reform der Kirche ist. Reformation im evangelischen Sinne bezeichnet also eine Reform der Kirche, welche nicht als Werk des Menschen, sondern als Gabe des göttlichen Geistes, als Frucht des sich neu Gehör verschaffenden Wortes Gottes zu begreifen ist.

Reformatorisch in diesem Sinne ist, mit Bernd Hamm gesprochen, «was – im Hinblick auf die mittelalterliche Theologie – systemsprengend ist»[34]. Der «Gemeinsamen Erklärung zur Rechtfertigungslehre», die 1999 vom Lutherischen Weltbund und der römisch-katholischen Kirche unterzeichnet wurde, zum Trotz erweist sich die Rechtfertigungslehre aller bedeutenden Reformatoren bis heute als systemsprengend und auch hinsichtlich ihrer Konsequenzen für das Kirchen- und Amtsverständnis als nicht in den römischen Katholizismus integrierbar.

Von diesem qualifizierten Begriff des Reformatorischen aus bestimmt sich auch die Verwendung der Bezeichnung «reformiert» im evangelischen Kontext. Noch im Verlauf des 16. Jahrhunderts kam für die sich bildenden evangelischen Kirchen die Bezeichnung «reformatae nostrae ecclesiae» auf, wobei auf lutherischer Seite an das Augsburgische Bekenntnis als Maßstab gedacht war.[35] Vertreter der Schweizerischen Reformation sprachen der lutherischen Kirche allerdings rundweg ab, wahrhaft reformiert zu sein, da sie noch Reste des Papsttums in sich duldete. Ihrem eigenen Selbstverständnis nach verlangten die Kirchen der reformierten Reformation im Vergleich zum Luthertum eine *reformatio purior*. Im französischen Sprachraum bezeichneten sich die Calvinisten als «Ceux de la Religion réformée» und wurden 1576 offiziell als «Religion prétendue réformée» anerkannt. Dieser Sprachgebrauch wurde von den deutschsprachigen Kirchen Zürcher und Genfer Prägung übernommen, wobei die Selbstbe-

---

34 *B. Hamm*, Was ist reformatorische Rechtfertigungslehre?, S. 3.
35 Zum folgenden vgl. *G. Seebaß*, Art. Reformation, S. 392.

zeichnung als «nach Gottes Wort reformiert» zum Ausdruck bringt, daß Gott selbst das eigentliche Subjekt der Reformation ist und bleibt.

Neben der Selbstbezeichnung «reformiert» führen aus der Reformation hervorgegangene Kirchen freilich auch die Bezeichnungen «evangelisch» oder «protestantisch», wobei «protestant» oder «protestante» im englischen und französischen Sprachraum als Synonyme für «evangelisch» verwendet werden, da man unter «evangelical» zumeist nicht «evangelisch», sondern «evangelikal» versteht.[36] Als protestantische Kirchen bezeichnet man die Kirchen der Reformation oder die aus ihnen hervorgegangenen, aber auch die vorreformatorischen Kirchen der Waldenser oder der Hussiten, die sich später der Reformation angeschlossen haben. Die Gemeinschaft evangelischer Kirchen in Europa (GEKE), ehemals Leuenberger Kirchengemeinschaft genannt, heißt im Englischen «Community of Protestant Churches in Europe». Ihr gehören heute 105 protestantische Kirchen an, lutherische, reformierte, unierte und methodistische Kirchen, die Waldenserkirche in Italien sowie die Tschechoslowakische Hussitische Kirche.

Wer den Begriff des Protestantischen gebraucht, hat zu beachten, dass Protestantismus nicht einfach mit der Gesamtheit protestantischer Kirchen gleichzusetzen ist. Der Protestantismus als religiöse und kulturelle Größe reicht über die Grenzen bestehender Kirchen hinaus. Die Bezeichnung «Protestanten» für die Anhänger der Reformation geht auf die Protestation der evangelischen Stände vom 19. April 1529 auf dem 2. Reichstag zu Speyer zurück. Die katholischen Stände hatten sich auf ein tatkräftiges Vorgehen gegen die Evangelischen geeinigt und beschlossen die Aufhebung des die Durchführung der Reformation begünstigenden Speyrer Abschieds von 1526. Sechs Fürsten und vierzehn oberdeutsche Städte legten dagegen in einer feierlichen Protestation Widerspruch ein. Diese trug ihnen bei ihren katholischen Gegnern den Namen «Protestanten» ein.

Erst im 17. Jahrhundert wurde es üblich, in einem neutralen Sinne das reformatorische Christentum als «protestantische Religion» oder als «protestantische Kirche» zu bezeichnen. Im 18. Jahrhundert entstand schließlich der substantivische Begriff «Protestantismus», der seine Bedeutung im Zusammenhang mit der sowohl von der Aufklärung (Rationalismus) als auch vom Pietismus an der sogenannten altprotestantischen Orthodoxie geübten Kritik gewann. Im Kontext des

---

36 Vgl. ausführlich *J. Wallmann* u. a., Art. Protestantismus.

Systemdenkens des deutschen Idealismus versuchte man, das Wesen des protestantischen bzw. evangelischen Christentums aus einem Prinzip zu erklären, worunter man vornehmlich die Freiheit des Gewissens bzw. der Gesinnung verstand (Johann Gottfried Herder, Georg Wilhelm Friedrich Hegel). Der Protestantismus als Ermöglichungsgrund der Freiheit konnte sowohl bürgerlich-liberal («liberale Theologie», Richard Rothe) als auch national-konservativ (Friedrich Julius Stahl) ausgelegt werden.

Friedrich Schleiermacher (1768–1834) versuchte, den Protestantismus inhaltlich näher zu bestimmen. Während der Katholizismus das Verhältnis des Einzelnen zu Christus von seinem Verhältnis zur Kirche abhängig mache, mache der Protestantismus umgekehrt das Verhältnis des Einzelnen zur Kirche von seinem Christusverhältnis abhängig.[37] Schleiermachers Schüler August Twesten, der Theologe Albrecht Ritschl und andere sprachen später von zwei Prinzipien des Protestantismus: Das reformatorische Schriftprinzip («sola scriptura») sei das Formalprinzip, die Lehre von der Rechtfertigung das Materialprinzip des Protestantismus. Beide zusammen kennzeichneten das Wesen protestantischer Freiheit.

Erst Ernst Troeltsch führte die Unterscheidung zwischen Alt- und Neuprotestantismus ein.[38] Die Zäsur zwischen beiden markiert die europäische Aufklärung. Um den Neuprotestantismus näher zu charakterisieren, wird auch vom Kulturprotestantismus gesprochen. Damit ist gemeint, dass der Protestantismus ein grundsätzlich positives Verhältnis zur Moderne einnimmt und an der Gestaltung von Welt und Kultur mitarbeiten will, ja, letztlich davon überzeugt ist, dass zwischen Christentum und Moderne eine Synthese zu erzielen ist. Diesem Ziel wusste sich insbesondere der 1863 in Deutschland gegründete Protestantenverein verpflichtet.

Zu beachten ist freilich, dass es sich bei «Kulturprotestantismus» nicht um eine Selbstbezeichnung, sondern um einen Kampfbegriff aus dem Wortschatz der Dialektischen Theologie handelt, die nach dem Ersten Weltkrieg die Antithese zur liberalen Theologie des 19. Jahrhunderts formulierte.[39] Namentlich Karl Barth erneuerte den Begriff

---

[37] *F. Schleiermacher*, Der christliche Glaube, § 24.

[38] Vgl. *E. Troeltsch*, Protestantisches Christentum und Kirche in der Neuzeit. Zur Geschichte des Begriffes «Neuprotestantismus» siehe *H.-J. Birkner*, Über den Begriff des Neuprotestantismus.

[39] Vgl. *F. W. Graf*, Kulturprotestantismus.

«evangelisch» und grenzte ihn vom Begriff protestantisch ab, weil er die neuprotestantische Synthese von Christentum und Kultur einer grundsätzlichen theologischen Kritik unterzog.

Eine positive Deutung des Protestantismusbegriffs formulierte demgegenüber Paul Tillich. Er prägte die Formel von katholischer Substanz und protestantischem Prinzip.[40] Kirche und Christentum benötigten beides. Das protestantische Prinzip, verstanden als das prophetische Element der Kirchengeschichte, das in der Reformation auf die Formel von der beständig zu reformierenden Kirche gebracht wurde (*ecclesia reformata semper reformanda*), dürfe nicht als Selbstzweck verstanden, sondern müsse komplementär zur katholischen Substanz begriffen werden, die ebenso wenig wie das protestantische Prinzip konfessionell begrenzt sei. Tillich unterschied auch zwischen protestantischem Prinzip, das letztlich in der Rechtfertigungslehre bestehe, und protestantischer Gestaltung oder Wirklichkeit.[41] Tillich fragte so wieder nach einer Gestalt, d. h. einer geschichtlichen Lebensform evangelischen Glaubens.

Ob es eine protestantische Kultur im traditionellen Sinne noch gibt, ist in der gegenwärtigen theologischen und kulturwissenschaftlichen Diskussion umstritten. Schon Tillich hielt in einem Text aus dem Jahr 1937 das «Ende der protestantischen Ära» nicht für ausgeschlossen.[42] Angesichts der gesamteuropäischen Entwicklung zu Beginn des 21. Jahrhunderts wird heute intensiv über die europäische, religiöse, kulturelle und politische Zukunft des Protestantismus nachgedacht. Die Gemeinschaft evangelischer Kirchen in Europa (GEKE) ist einer der Orte, an dem die Diskussion darüber geführt wird. Prominente Theologen wie Trutz Rendtorff, Friedrich Wilhelm Graf oder Wilhelm Gräb treten explizit für einen neuen Kulturprotestantismus ein, stoßen mit ihren Ansichten aber auch auf theologische Kritik.[43] Rendtorff hat die Kirche als «Institution der Freiheit» definiert, welche das Fundament der modernen, pluralistischen Gesellschaft sei.[44] Demgegenüber hat Jürgen Moltmann unter Aufnahme einer Wendung Hegels den Protestantismus als «Religion der Freiheit» interpretiert, die zum

---

40 Vgl. *P. Tillich*, Systematische Theologie III, S. 205-207.281.

41 *P. Tillich*, Der Protestantismus als Kritik und Gestaltung.

42 *P. Tillich*, Das Ende der protestantischen Ära?

43 Vgl. *U. Körtner*, Wiederkehr der Religion?, S. 71ff.

44 *T. Rendtorff*, Institution der Freiheit.

Exodus aus bestehenden, lebensfeindlichen, gesellschaftlichen Strukturen führe.[45]

Zum Abschluss dieses Kapitels ist nun noch der Begriff des Reformatorischen zu demjenigen des Evangelischen ins Verhältnis zu setzen. Wie schon gesagt wurde, werden die Begriffe evangelisch und protestantisch häufig synonym verwendet, wogegen Karl Barth in seiner Auseinandersetzung mit dem Neuprotestantismus für eine theologische Unterscheidung plädiert hat: «Nicht alle ‹protestantische› ist evangelische Theologie. Und es gibt evangelische Theologie auch im römischen, auch im östlich-orthodoxen Raum, auch in den Bereichen der vielen späteren Variationen und auch wohl Entartungen des reformatorischen Neuansatzes.»[46]

Evangelisch ist für Barth die inhaltliche Näherbestimmung dessen, was ökumenisch bzw. katholisch heißt. Ökumenisch bzw. katholisch ist eine evangeliumsgemäße Theologie, wobei Barth zugleich auf den Unterschied zwischen der einen Theologie und den vielen Theologien, d.h. auf das Problem der Einheit und Pluralität christlicher Theologie aufmerksam macht. Als evangelisch bezeichnet Barth sachlich «die ‹katholische›, die ökumenische (um nicht zu sagen: die ‹konziliare›) Kontinuität und Einheit all der Theologie [...], in der es inmitten des Vielerlei aller sonstigen Theologien und (ohne Werturteil festgestellt) verschieden von ihnen darum geht, den Gott des Evangeliums, d.h. den im Evangelium sich kundgebenden, für sich selbst zu den Menschen redenden, unter und an ihnen handelnden Gott auf dem durch ihn selbst gewiesenen Weg wahrzunehmen, zu verstehen, zur Sprache zu bringen.»[47]

In diesem Sinne lässt sich auch der Begriff des Reformatorischen inhaltlich weiter präzisieren. Reformatorische Theologie ist gleichbedeutend mit evangelischer Theologie, soweit und sofern mit evangelisch das Evangeliumsgemäße im Sinne der reformatorischen Rechtfertigungslehre gemeint ist. Auch wenn diese Theologie faktisch bis heute im Vergleich mit dem römischen Katholizismus systemsprengend wirkt, ist Evangeliumsgemäßheit doch das innere Kriterium guter Theologie, die sich auch in anderen konfessionellen Traditionen antreffen lässt. Evangeliumsgemäße Theologie ist so gesehen ökume-

---

[45] *J. Moltmann* (Hg.), Religion der Freiheit.

[46] *K. Barth*, Einführung in die evangelische Theologie, S. 10.

[47] Ebd.

nische Theologie, welche nach der Identität christlichen Glaubens in der Pluralität und den Gegensätzen der Kirchen und Konfessionen fragt. Wenn Evangeliumsgemäßheit als Sachkriterium reformatorischer Theologie bestimmt wird, bedeutet dies, dass alle sich reformatorisch, protestantisch oder evangelisch nennende Theologie stets darauf hin zu prüfen ist, ob und in wieweit sie diesem Kriterium entspricht. Reformatorische Theologie kann demnach nur als selbstkritische Theologie betrieben werden, die nicht schon durch den Ausweis historischer Kontinuitäten legitimiert ist, sondern sich durch alle neuzeitlichen Transformationsprozesse hindurch befragen lassen muss, inwieweit sie ihren Grund und Gegenstand trifft oder verfehlt.

Die Mitte reformatorischer Theologie, so sagten wir bereits, ist die reformatorische Rechtfertigungslehre, wobei in der bedingungslosen Vorgabe des Heils und damit in der klaren Unterscheidung zwischen dem empfangenden und dem tätigen Wesen des Glaubens bzw. zwischen Soteriologie und Ethik das spezifische Reformatorische jeder reformatorischen Rechtfertigungslehre besteht.[48] Eine Bestandsaufnahme reformatorischer Theologie im 21. Jahrhundert hat darum mit einer zeitgemäßen Interpretation reformatorischer Rechtfertigungslehre zu beginnen.

---

[48] Vgl. *B. Hamm*, Was ist reformatorische Rechtfertigungslehre?, S. 24.27.

2. Rechtfertigung heute

Die neuzeitliche Infragestellung der Rechtfertigungslehre

Als Nietzsche im Jahre 1873 seine Kritik an David Friedrich Strauß veröffentlichte, gab er ihr den Titel «Unzeitgemäße Betrachtungen» Es scheint, als sei dies heutzutage eine passende Überschrift auch für die paulinische und die reformatorische Rechfertigungslehre. Deren Unzeitgemäßheit gilt nicht nur nachchristlichen Zeitgenossen, sondern vielerorts selbst innerhalb von Theologie und Kirche als ausgemacht.

Einige Beispiele seien in Erinnerung gerufen. So erklärte die vierte Vollversammlung des Lutherischen Weltbundes 1963 in Helsinki in ihrer oft zitierten Botschaft: «Der Mensch von heute fragt nicht mehr: Wie kriege ich einen gnädigen Gott? Er fragt radikaler, elementarer, er fragt nach Gott schlechthin: Wo bist Du, Gott? Er leidet nicht mehr unter dem Zorn Gottes, sondern unter dem Eindruck von Gottes Abwesenheit, er leidet nicht mehr unter seiner Sünde, sondern unter der Sinnlosigkeit seines Daseins, er fragt nicht mehr nach dem gnädigen Gott, sondern ob Gott wirklich ist.»[49] In der Diskussion zum Thema der Versammlung «Christus heute» wurde eingeräumt: «Heute […] befindet sich die Kirche in Verlegenheit, wie sie das Evangelium verkündigt – ob sie es nun unter dem Bild der Rechtfertigung oder in anderen Begriffen tut.»[50] Sieht man vom damaligen Hauptreferat Gerhard Gloeges zum Thema «Gnade für die Welt» ab, das die zeitgenössische Diskussion zur Rechtfertigungslehre stark belebte[51], so droht diese Vollversammlung des Lutherischen Weltbundes geradezu als Fiasko der Rechtfertigungslehre in die Kirchengeschichte einzugehen.[52] Die Zeitgemäßheit der Rechtfertigungslehre war freilich nicht

---

[49] Botschaft der vierten Vollversammlung des Lutherischen Weltbundes in Helsinki [1963], in: *E. Wilkens* (Hg.), Helsinki 1963, S. 456–457, hier S. 456. Siehe dazu auch die Zusammenfassung der Diskussionsvoten, a.a.O., S. 448ff.

[50] Christus heute. Bericht über die Diskussion zum Thema der Vollversammlung, in: *E. Wilkens* (Hg.), Helsinki 1963, S. 448–455, hier S. 448.

[51] *G. Gloege*, Gnade für die Welt.

[52] Wie *A. Peters*, Rechtfertigung, S. 201, im Blick auf das Hauptreferat Gloeges allerdings meint: zu Unrecht. Doch ändert dieser Vortrag nichts an der Dürftigkeit des offiziellen Dokuments Nr. 75.

erst in der Nachkriegszeit fraglich. Schon 1928 beklagte Paul Tillich einen Traditionsabbruch in Sachen Rechtfertigungslehre.[53]

Dagegen wende man nicht ein, die Rechtfertigungslehre erfreue sich doch seit mehr als zwei Jahrzehnten im ökumenischen Dialog höchster Aufmerksamkeit und intensivster theologischer Bemühungen.[54] Dass derart schillernde Texte wie die Gemeinsame Erklärung (GER) und die «Gemeinsame offizielle Feststellung» (GOF) allen Ernstes für eine tragfähige Basis künftiger ökumenischer Arbeit und einer weiteren Annäherung der Kirchen gehalten werden können, zeugt meines Erachtens nicht von echten theologischen Fortschritten, sondern ist eher ein Indiz dafür, «daß Lehren wie die zur Rechtfertigung, Eucharistie und Amt schon deswegen ihre kirchentrennende Wirkung verloren haben, weil sie – allen feierlichen Beteuerungen zum Trotz – doch faktisch die Bedeutung verloren haben, die ihnen vom Wesen des Christlichen her zukäme»[55].

Für die moderne Infragestellung der Lehre von der Rechtfertigung und ihres theologischen Stellenwertes gibt es eine Reihe von Gründen. Die Verdrängung der Frage nach dem uns Menschen im Gericht gnädigen Gott durch diejenige nach der Existenz Gottes wurde bereits angesprochen. Sie ist seit der Aufklärung eng verwoben mit dem Theodizeeproblem. Die Frage nach der Gerechtigkeit Gottes hat sich radikal umgekehrt. Statt dass der Mensch sich noch länger vor Gott rechtfertigen muss, ist es nun Gott, der sich vor dem Tribunal des nach Gerechtigkeit in der Welt verlangenden Menschen zu rechtfertigen hat. An die Stelle der Rechtfertigung des Menschen durch Gott tritt die Rechtfertigung Gottes durch den Menschen. So lautet die derjenigen nach der Existenz Gottes innewohnende Frage: Wie kriegt Gott einen gnädigen Menschen, der sich seiner erbarmt? Anders formuliert lautet als ein wiederkehrender Einwand gegen die Rechtfertigungslehre, sie frage nicht radikal genug nach Gott.

Weiter lässt sich gegen sie einwenden, in ihrer reformatorischen Fassung handele es sich lediglich um ein Beispiel theologischer Polemik, um eine kontroverstheologische Kampflehre also, deren Bedeu-

---

53 *P. Tillich*, Die protestantische Verkündigung und der Mensch der Gegenwart.

54 Unter den neueren evangelischen Publikationen siehe v. a. *E. Jüngel*, Das Evangelium von der Rechtfertigung des Gottlosen; *M. Beintker*, Rechtfertigung in der neuzeitlichen Lebenswelt; *S. Kreuzer/J. v. Lüpke* (Hg.), Gerechtigkeit glauben und erfahren.

55 *R. Schenk*, Eine Ökumene des Einspruchs, S. 233.

tung mit zunehmender Überwindung konfessioneller Differenzen im ökumenischen Dialog schwindet. Die «Gemeinsame Erklärung zur Rechtfertigungslehre», so die bereits zitierte These des katholischen Theologen Richard Schenk, ist dafür der beste Beweis. Paradoxerweise will es scheinen, als verliere die Rechtfertigungslehre nicht nur gerade durch die ökumenische Annäherung an Relevanz, sondern als komme das Bemühen um ökumenische Verständigung über die Rechtfertigungslehre ohnehin geistesgeschichtlich zu spät: Auch die Rechtfertigungslehre, urteilt Albrecht Peters, «wird unerbittlich hineingezogen in jenen alles verschlingenden Strudel der Moderne»[56].

Wie die reformatorische, ist aber auch schon die paulinische Rechtfertigungslehre verschiedentlich als polemische Kampflehre von theologisch untergeordneter Bedeutung abgewertet worden. Ich verweise nur auf William Wrede[57] und Albert Schweitzer. Letzterer hat die Rechtfertigungslehre als etwas «Unselbständiges und Unvollständiges» oder auch als «Nebenkrater» beschrieben, «der sich im Hauptkrater der Erlösungslehre der Mystik des Seins in Christo» gebildet habe.[58] Was aber die Kritik des Paulus am Judentum betrifft, so bildet die exegetische Auseinandersetzung um ihre Legitimität ein Gegenstück zur Debatte über den antikatholischen Charakter der Rechtfertigungslehre Luthers. Wie nämlich Joseph Lortz Luther vorgehalten hat, er habe einen Katholizismus bekämpft, der in Wahrheit gar nicht katholisch war[59], so hat der jüdische Religionswissenschaftler Hans-Joachim Schoeps Paulus nachgesagt, seine Theologie beruhe auf einem ungeheuren Missverständnis und habe eine jüdische Gesetzesauffassung angegriffen, dic für das Judentum seiner Zeit gar nicht repräsentativ war.[60]

Dieselben Fragestellungen begegnen uns in der heutigen Paulusexegese und im christlich-jüdischen Dialog. Interpretationen, wonach die scharfe Gesetzeskritik des Paulus das Judentum in Wahrheit gar nicht treffe, stehen solchen gegenüber, welche in Abrede stellen, dass es bei Paulus überhaupt eine derartige Kritik des Gesetzes gibt, und den bleibenden jüdischen Charakter paulinischer Theologie behaupten. Paulinismus und Antipaulinismus speisen sich seit den Anfängen

---

56 *A. Peters*, Rechtfertigung, S. 267.

57 *W. Wrede*, Paulus, bes. S. 60f. 74.

58 *A. Schweitzer*, Die Mystik des Apostels Paulus, S. 221 u. 220.

59 *J. Lortz*, Die Reformation in Deutschland I, S. 176.

60 *H.-J. Schoeps*, Paulus.

des Christentums aus recht unterschiedlichen Motiven[61], die sich sowohl in der Exegese also auch im christlich-jüdischen Dialog und dem ökumenischen Gespräch der Kirchen überlagern.[62]

Auch die Ethisierung der Theologie seit der Aufklärung, d. h. die Transformation dogmatischer in ethische Gehalte ist sowohl eine Folge wie auch eine Ursache der heutigen Schwierigkeiten beim Verständnis der klassischen Rechtfertigungslehre. Die Ethisierung der Theologie im Neuprotestantismus ist nicht zuletzt eine Reaktion auf die Fragwürdigkeit der Eschatologie in der Moderne. Hier schließt sich der Kreis: Mit dem Verblassen des in der Reformationszeit durch die spätmittelalterliche Buß- und Beichtpraxis allgegenwärtigen Gerichtsgedankens hat die Frage nach dem gnädigen Gott ebenso wie diejenige nach dem ewigen Heil zunehmend ihre Bedeutung eingebüßt. An die Stelle der Frage nach dem Heil als unverfügbarem Geschenk Gottes ist diejenige nach dem machbaren Heil getreten. Im Zuge des Glaubens an die Herstellbarkeit des Heils aber ist mit der überkommenen Heilserwartung auch die Rede von Gott problematisch geworden.

Das Entstehen dieses neuen Glaubens ist freilich nur vordergründig auf den Fortschrittsoptimismus des frühneuzeitlichen Humanismus und der Aufklärung zurückzuführen. Dieser muss vielmehr seinerseits als Symptom einer Krise der christlichen Heilsbotschaft begriffen werden, die Vittorio Subilia in unserer Gegenwart kulminieren sieht. «Es handelt sich um eine tausendjährige Krise der Müdigkeit, der Frustration und der Auflehnung wegen einer nicht verwirklichten Erfahrung. Wo ist das Versprechen Seines Kommens, Seines Reiches und Seiner Gerechtigkeit? Hat man seit der zweiten christlichen Generation [!] angefangen zu flüstern (2Petr 3,4), und das Flüstern wurde durch die Jahrhunderte zu einem Schrei und in unserer Generation zu einem Geheul, Orkan und Sturm.»[63] Und Subilia fügt hinzu: «In einer Welt, in der man durch die Schnelligkeit und Fülle der Informationen und Statistiken bestürzt gelernt hat, daß zwei von drei Menschen nicht in einem biologisch erträglichen Maße essen, wagt man nicht mehr ernsthaft und überzeugend die Worte des Evangeliums zu wiederholen: ‹Sorgt nicht um euer Leben, was ihr essen und trinken werdet; …

---

[61] Zum frühen Christentum siehe *A. Lindemann*, Paulus im ältesten Christentum.

[62] Aus der neueren exegetischen Literatur siehe *E.P. Sanders*, Paulus und das palästinische Judentum.

[63] *V. Subilia*, Die Rechtfertigung aus Glauben, S. 281.

Seht die Vögel unter dem Himmel an: sie säen nicht, sie sammeln nicht in die Scheunen; und euer himmlischer Vater ernährt sie doch. […]›.»[64] Anders gesagt: «Die Menschen haben sich auf der Spur der christlichen Unterweisung jahrhundertelang gut oder schlecht angestrengt, zuerst die Gerechtigkeit Gottes zu suchen. Aber die menschliche Gerechtigkeit ist nicht unerwartet dazugekommen. Jetzt sind sie müde, vergeblich dieser Werthierarchie zu folgen, und wollen sie umkehren. Sie denken und sprechen folgendermaßen: zuerst suchen und richten wir die menschliche Gerechtigkeit auf, dann werden wir gelegentlich die göttliche Gerechtigkeit suchen»[65].

Zum Orkan, um in Subilias Bild zu bleiben, wurde das anfängliche Flüstern (2Petr 3,4: «Wo ist die Verheißung seiner Wiederkunft? Seitdem die Väter entschlafen sind, bleibt ja alles so wie von Anfang der Schöpfung an.») im heraufziehenden Nihilismus. Im Zeichen des Nihilismus ist, wie Gerhard Ebeling bemerkt hat, der einstige eschatologische Horizont der paulinisch-reformatorischen Rechtfertigungslehre durchaus noch präsent, freilich nur in seiner Umkehrung: «Beides ist logisch richtig: Soll Heil wirklich Heil sein, so daß keine weitere Unheilsdrohung es mehr in Frage stellt, dann muß es eschatologisches Heil sein, unüberbietbare Vollendung. Jedoch: Die Vollendung, die als definitives Ende dieser Welt zu denken ist, ist nicht als Heil vorstellbar. Konsequent gedacht ist sie das Ende auch aller Heilsvorstellungen. Die Antinomie von Vollendung und Ende auf Kosten *eines* Aspektes aufzulösen, hieße aber, dem Ganzen nicht gerecht zu werden. ‹Heil› erscheint so als ein Widerspruch in sich.»[66] So betrachtet gehört es «zu den weitestverbreiteten Selbstverständlichkeiten unserer Zeit, daß es mit *dem* Heil nichts ist, daß Ende und Heil nicht auf einen Nenner zu bringen sind»[67]. Dies ist wohl das eigentliche Dilemma der Rechtfertigungslehre einschließlich der ihr zugehörigen Eschatologie im Zeichen des Nihilismus; ein Dilemma, das durch die gegenwärtige Überlebenskrise der Menschheit nochmals verschärft wird.

---

64 *V. Subilia*, Die Rechtfertigung aus Glauben, S. 281f.
65 *V. Subilia*, Die Rechtfertigung aus Glauben, S. 282.
66 *G. Ebeling*, Das Verständnis von Heil in säkularisierter Zeit, S. 354.
67 *G. Ebeling*, Das Verständnis von Heil in säkularisierter Zeit, S. 355.

Theodizee und Anthropodizee

Unter diesem Vorzeichen hat die Rechtfertigungslehre wahrlich den Anschein unzeitgemäßer Betrachtungen. So bleibt der Theologie scheinbar nur der Weg, ihre durch die Aufklärung eingeleitete Umwandlung in eine ethische Theorie entschlossen voranzutreiben. Nicht die Rechtfertigung des Sünders im künftigen Gericht Gottes, sondern *Orthopraxie* scheint nunmehr der *articulus stantis et cadentis ecclesiae* zu sein. «So setzen sich an die Stelle der Theologie des Heils aus Gnaden und der Rechtfertigung aus Glauben eine Theologie der gesellschaftlichen Befreiung, eine Theologie der menschlichen Hoffnung und eine Theologie des geschichtlichen Heils. Es handelt sich nicht um eine Verlängerung und eine Integration der Theologie der Gnade und der Rechtfertigung auf ethischer Ebene, sondern um einen Ersatz, eine Antithese.»[68] Die Unzeitgemäßheit der herkömmlichen Rechtfertigungslehre lässt sich augenscheinlich nur noch durch eine *ethische Theologie* beantworten, welche in der Tat des Menschen, seiner Orthopraxie, einen Ausweg aus dem Dilemma sucht, in welche die Frage nach dem Heil seit der Reformation geraten ist.

Einzig im Rahmen einer ethischen Theologie scheint auch die Frage nach der Gerechtigkeit Gottes noch eine überzeugende Antwort finden zu können. Diese hat sich gegenüber der paulinischen und der reformatorischen Rechtfertigungslehre, wie schon gesagt wurde, von der Frage nach dem gnädigen Gott verkehrt in diejenige nach der möglichen Rechtfertigung Gottes gegenüber dem Menschen. Der Rechtsstreit des Menschen mit Gott ist, wie uns das Hiobbuch belehrt, keineswegs neu. Auch Paulus muss in Röm 3,4f feststellen, dass der Mensch Gott vor die Schranken *seines* Gerichts gezerrt hat. Paulus und später die Reformatoren glauben freilich, die Frage nach der Gerechtigkeit Gottes so beantworten zu können, dass Gott sich selbst gerade dadurch rechtfertige, dass er den Sünder gerecht spricht und dieser im Glauben die Gerechtigkeit Gottes anerkenne.[69] Durchaus auf der Linie reformatorischer Theologie hat im 20. Jahrhundert vor allem Karl Barth betont, es gehe in der Rechtfertigungslehre um «Gottes

---

68 *V. Subilia*, Die Rechtfertigung aus Glauben, S. 283.

69 Bei Luther z.B. WA 56,212f. – Eindrücklich beschreibt *V. Subilia*, Die Rechtfertigung aus Glauben, S. 291ff, die Weltgeschichte als Weltgericht – der Menschheit über Gott!

Selbstrechtfertigung»[70]. Nach Barth rechtfertigt Gott in der Rechtfertigung des sündigen Menschen «zuerst und vor allem sich selber»[71]. Es liegt augenscheinlich jedoch in der Konsequenz der theologisch als Antwort auf die Theodizeefrage gängig gewordenen Rede von der *Ohnmacht Gottes*, dass dieser zur Selbstrechtfertigung gar nicht mehr in der Lage ist. Miguel de Unamuno, auf den sich beispielsweise Jürgen Moltmann beruft, will im gekreuzigten Gott den büßenden Gott sehen, der selbst augenscheinlich der Erlösung bedarf und auf Gnade hofft: «Ist das nicht der büßende Gott, der sein Gewissen reinigen möchte von der Schuld, dem Vorwurf, den Menschen erschaffen zu haben und mit ihm das Böse und das Leid?»[72] Dieser «*kummervolle*» (Unamuno) Gott harrt also der Absolution seitens des Menschen! Nicht Gott selbst kann sich unter solcher Voraussetzung rechtfertigen; rechtfertigen können ihn bestenfalls diejenigen, die noch bereit sind, sich seiner anzunehmen; eben die, welche bei Gott in seinem Leiden stehen, wie es in einem Gedicht Dietrich Bonhoeffers heißt![73] Im Sinne einer ethischen Theologie sind *wir* es also, die den vom Nihilismus totgesagten Gott vor der Verdammnis retten sollen – oder müssen wir sogar sagen: nach dem Tode Gottes zu neuem Leben erwecken? –, indem wir ihn durch unser Tun des Gerechten rechtfertigen.

Dass nicht der Mensch Gott gegenüber, sondern umgekehrt Gott gegenüber dem Menschen der Rechtfertigung bedarf, wird augenscheinlich auf anthropologischem Gebiet bestätigt. Wie ein Blick auf die Existenzphilosophie und die Psychologie im 20. Jahrhundert lehrt, lässt sich die anthropologisch-existentiale Analyse unseres Menschseins aus der Rechtfertigungslehre durchaus herauslösen. «Man kann jene Grunderfahrung, daß unser Leben in all seinen Höhen und Tiefen nicht in unsere absolute Verfügungsgewalt gegeben ist, säkularisieren und a-christlich, ja a-theistisch formulieren.»[74] Karl Jaspers hat diese Grunderfahrung auf die Formel «Ohnmacht in der Freiheit» gebracht. Die Rechtfertigungslehre formuliere eine anthropologische Einsicht, «die ich für philosophisch überzeugend, wenn auch nicht für wissen-

---

70 *K. Barth*, KD IV/1, S. 633. Siehe aber auch schon M. Luther, WA 56,212f.

71 KD IV/1, S. 629.

72 M. de Unamuno, zitiert nach *J. Moltmann*, Trinität und Reich Gottes, S. 55.

73 *D. Bonhoeffer*, Christen und Heiden, in: *ders.*, Widerstand und Ergebung, S. 515–516, hier S. 515.

74 *A. Peters*, Rechtfertigung, S. 214.

schaftlich erzwingbar halte. Sie ist wahr, aber nicht, weil Paulus sie in einem christlich-mythischen Denken ausspricht.»[75]

So wäre denn also die traditionelle Rechtfertigungslehre auf eine Anthropologie reduzierbar, die keiner theologischen Begründung bedürfte, ihrerseits jedoch der Begründung einer ethischen Theologie dienen könnte, deren Orthopraxie die Rechtfertigung Gottes ermöglichte. Theologisch wäre eine solche, die bisherige Rechtfertigungslehre ablösende ethische Theologie insofern, als die Rechtfertigung Gottes das Ziel ihrer ethischen Theorie wäre. Nachdem die überkommenen Aussagen über die Rechtfertigung des Gottlosen zu unzeitgemäßen Betrachtungen geworden sind, scheint die hier skizzierte Idee einer ethischen Theologie eine durchaus zeitgemäße Betrachtung zu sein.

Tribunalisierung der modernen Lebenswelt

Die Evidenz dieser These ist allerdings einer kritischen Nachprüfung zu unterziehen. Zunächst fällt nämlich auf, dass die vermeintliche Unzeitgemäßheit der christlichen Rechtfertigungslehre in einem eigentümlichen Widerspruch zum heute allgegenwärtigen Zwang zur öffentlichen Rechtfertigung und Selbstrechtfertigung steht. Die Antiquiertheit der Rechtfertigung des Sünders steht in seltsamer Spannung zur Tribunalisierung, um nicht zu sagen Übertribunalisierung, der modernen Lebenswirklichkeit.[76] Die neuzeitliche Abschaffung des Jüngsten Gerichts hat doch die Forumsituation menschlicher Existenz nicht aufgehoben. Nun ist eben die Weltgeschichte das Weltgericht, wie Schiller und Hegel gesagt haben[77], in welchem jeder Ankläger, Richter und Angeklagter zugleich ist und sich ständig rechtfertigen muss. In höchst zweideutiger Weise haben sich die öffentlichen Medien als oberster Gerichtshof etabliert. Nur wer in ihnen vorkommt, hat im Grunde noch ein individuelles Daseinsrecht, wie nur das als

---

75 *K. Jaspers*, in: *R. Bultmann/K. Jaspers*, Die Frage der Entmythologisierung, S. 78.

76 Vgl. *O. Marquard*, Abschied vom Prinzipiellen, S. 39ff. Im Anschluss daran *O. Bayer*, Aus Glauben leben, S. 9ff.

77 Vgl. *F. Schiller*, Resignation. Eine Phantasie [Gedicht], in: *ders.*, Werke I, S. 35-38, hier S. 38; *G. W. F. Hegel*, SW X, S. 426. Zu Hegel vgl. auch *R. Bubner/W. Lesch* (Hg.), Die Weltgeschichte – das Weltgericht? Die Metapher von der Weltgeschichte als Weltgericht hat auch A. Schopenhauer aufgegriffen. Siehe A. Schopenhauer, Die Welt als Wille und Vorstellung, Bd. I, S. 415f.

wirklich gilt, was medial vermittelt ist. Wiederum hat jeder Verantwortungsträger damit zu rechnen, sich nicht etwa nur gegenüber Vorgesetzten oder Parlamenten, sondern auch gegenüber der öffentlichen Meinung rechtfertigen zu müssen.

Alle historischen Ereignisse, schrieb einst Karl Marx, geschehen zweimal: das erste Mal als Tragödie, das zweite Mal als Farce. Die täglichen Gerichtsshows im Privatfernsehen sind die Farce auf das moderne gnadenlose Weltgericht. Das sollte bedenken, wer den christlichen Gedanken an das Jüngste Gericht als erledigten Mythos abtun möchte. Im Vergleich zum Weltgericht alten Typs, wie es zum Beispiel Michelangelo an die Wände der Sixtinischen Kapelle gemalt hat, kann man heute sogar zwischen mehreren Programmen wählen. Wem es in der Gerichtsverhandlung des einen Senders zu fad wird, der kann zum Richter Gnadenlos auf dem anderen Kanal switchen. Medientechnisch und weltgerichtmäßig ein großer Fortschritt! Der Philosoph Leibniz behauptete einst, die real existierende Welt sei die beste aller möglichen, wobei allerdings die Programmwahl Gott allein vorbehalten war. Heute können sich die Zuschauer selber nicht nur die beste aller möglichen Fernsehwelten, sondern auch noch das beste aller möglichen Weltgerichte wählen.

Wer im Kleinen wie im Großen seine Handlungsweise zu rechtfertigen hat, muss zugleich seine gesellschaftliche Stellung und seinen Machtanspruch rechtfertigen und hat dazu seine Leistungsfähigkeit wie seine Kompetenz ständig unter Beweis zu stellen. Mit der bekleideten Position aber steht im Grunde das eigene Dasein wie auch das Daseins*recht* vor dem Forum der öffentlichen Meinung ständig zur Disposition. Wer ich bin und weshalb ich überhaupt ein Recht habe zu leben, wird fraglich, wenn meine Handlungen vor dem allerorten präsenten und doch nie wirklich zu Gesicht zu bekommenden Tribunal keine Billigung finden. Das erlebt auch Herr K. in Franz Kafkas Roman «Der Prozeß», der geradezu ein Symbol der neuzeitlichen Tribunalisierung unserer Lebenswirklichkeit und ihrer existentiellen Tiefendimension ist.[78] So haben wir einerseits unser Existenzrecht *durch* unser Handeln und unsere Leistungen und andererseits unser Existenzrecht *angesichts* unseres Handelns zu rechtfertigen, was wir wiederum durch unser Handeln versuchen.

---

[78] *F. Kafka*, Der Prozeß.

Die hiermit verbundene permanente Rechtsunsicherheit unseres Daseins aber bildet das Gegenstück zur neuzeitlichen Bestreitung der Existenz Gottes, die man genauer wegen der in ihr gegen Gott erhobenen Anklage besser als Bestreitung seines Daseins*rechts* verstehen muss. Ein allmächtiger Gott, der vor dem Forum der Welt als dämonischer Leviathan erscheint, hat als Strafe den Tod verdient. Wo die Theodizeefrage nicht bloß als interessantes philosophisches Gedankenspiel betrachtet wird, läuft sie auf die Verurteilung Gottes zum Tod und auf seine Exekution hinaus. So hat denn auch Nietzsche tiefsinnigerweise nicht behauptet, Gott sei in der Neuzeit einfach gestorben, sondern vielmehr von uns Menschen getötet worden![79] Weil aber Gottes Daseinsrecht zumindest zweifelhaft geworden ist, vermag er auch das Dasein des sich vor dem Forum der Welt rechtfertigen müssenden Menschen nicht mehr zu rechtfertigen. Der Zwang zur Rechtfertigung wird durch die hieraus resultierende Antiquiertheit der Rechtfertigungslehre aber keineswegs beseitigt, sondern im Gegenteil verschärft. Er hat so gesehen in der Infragestellung der Existenz Gottes überhaupt seine eigentliche Ursache.

Auch die oben skizzierte ethische Theologie steht unter dem allgemeinen Zwang zur Rechtfertigung und partizipiert an der Tribunalisierung unserer Lebenswirklichkeit. Das lässt sich an Gordon D. Kaufmans prozesstheologischen Überlegungen zu einer «Theologie für das Nuklearzeitalter» veranschaulichen. Kaufman ist davon überzeugt, «daß das, was wir tun, katastrophale Folgen für das göttliche Leben selbst haben kann. Gott zu verehren, bedeutet demnach heute, daß wir ganz und gar rechenschaftspflichtig sind für die Fortdauer des Lebens auf der Erde.»[80] Einerseits also wird hier im Namen Gottes an den gnädigen Menschen appelliert und für Gott um Gnade gebeten. Andererseits steht der Mensch unter dem Zwang zur Rechenschaft für sein Handeln, weil er für das weitere Schicksal Gottes verantwortlich gemacht wird. Unklar ist freilich von wem; denn wie in vielen Entwürfen einer Schöpfungsethik, wird in Kaufmans Theologie für das Nuklearzeitalter der moralische Impuls zur Bewahrung der Schöpfung religiös-apokalyptisch derart aufgeladen, dass die Unterscheidung von Schöpfer und Geschöpf, aber auch von Schöpfung und Natur zurücktritt, was freilich der Grundstruktur prozesstheologischen Denkens

---

[79] *F. Nietzsche*, Die fröhliche Wissenschaft, bes. S. 125ff.
[80] *G. D. Kaufman*, Theologie für das Nuklearzeitalter, S. 73.

entspricht. So bleibt eine ethische Theologie übrig, in welcher Gott weder eindeutig das Objekt des Erkennens noch eindeutig das Subjekt ethischer Normen ist. Erkennbar sind allein der moralische Appell und der hinlänglich beschriebene Rechtfertigungszwang.

Mit Nietzsche ist allerdings zu fragen, ob nicht schon die Selbstrechtfertigung eine für den Menschen zu große Aufgabe ist, so dass die zusätzliche Rechtfertigung Gottes eine übermenschliche, eigentlich göttliche Aufgabe ist. Der Tod Gottes wirft für Nietzsches tollen Menschen die Frage auf: «Mit welchem Wasser können wir uns reinigen? Welche Sühnefeiern, welche heiligen Spiele werden wir erfinden müssen? Ist nicht die Größe dieser Tat zu groß für uns? Müssen wir nicht selbst zu Göttern werden, um nun ihrer würdig zu erscheinen?»[81] Wie aber sollte der Mensch in der Lage sein, Gott postum zu rechtfertigen, den er zuvor liquidiert hat, wenn er nicht einmal sich selbst zu rechtfertigen vermag? Wenn denn schon eine Theologie nach dem sogenannten Tode Gottes konzipiert werden muss, so muss sie, soll sie nicht kläglich scheitern, auf die ethische Rechtfertigung Gottes durch den Menschen verzichten. Die Theologie wird also gerade durch das Ereignis des neuzeitlichen Todes Gottes entschieden an die biblische Einsicht zurückverwiesen, dass – wenn überhaupt – einzig Gott selbst sich rechtfertigen kann. Eben deshalb kann aber die Frage nach dem gnädigen Gott, der sich rechtfertigt, indem er den Sünder rechtfertigt – und zwar gerade den neuzeitlichen Sünder, der Gott den Todesstoß versetzt hat –, für eine denkbare ethische Theologie nicht erledigt sein.

Die Frage nach dem gnädigen Gott

Darum richtet sich gegen die Erklärung der Vollversammlung des Lutherischen Weltbundes von 1963 der Einwand, ob die Frage nach der Existenz Gottes tatsächlich radikaler ist als die Frage nach dem gnädigen Gott. Nach dem bisher Gesagten heißt die Frage stellen sie verneinen. In seiner Kritik der Verlautbarung von Helsinki gibt Walter Mostert zu bedenken: «Fragen wir, nicht faktisch, explizit, aber wirklich, vielleicht unbewußt, gleichsam mit dem Gesamtgestus unseres Daseins, eben nach dem gnädigen Gott; unterliegen wir nicht mit der Suggestion, wir fragten nach der Existenz Gottes im Gegensatz und

---

81 *F. Nietzsche*, Die fröhliche Wissenschaft, S. 127.

im Unterschied zur Frage nach dem gnädigen Gott, einem erfahrungs- und lebensfeindlichen Denken, gegen das uns die elementare Frage nach dem gnädigen Gott, wie sie uns als Essenz der Gottesfrage überliefert ist, zu helfen vermag?»[82] Geradezu prophetisch hat schon 1953, zehn Jahre also vor der Vollversammlung von Helsinki, Karl Barth die mögliche theologische Kritik an der Erklärung des Lutherischen Weltbundes zur Rechtfertigungslehre vorweggenommen: «Es ist […] unter allen oberflächlichen Phrasen unserer Zeit eine der oberflächlichsten die Behauptung: es habe zwar der Mensch des 16. Jahrhunderts nach dem ihm gnädigen Gott gefragt, es sei aber der moderne Mensch viel radikaler in der Frage nach Gott überhaupt und als solchem begriffen. Als ob es einen Gott überhaupt und als solchen gäbe, als ob das Fragen nach ihm irgend einen Sinn hätte! Als ob Gnade eine Eigenschaft Gottes wäre, die man allenfalls auch einklammern könnte, um unterdessen gemächlich nach seiner Existenz zu fragen! Als ob die christliche Gemeinde und der christliche Glaube an der Existenz oder Nichtexistenz dieses Gottes überhaupt und als solchem irgend ein Interesse hätte! Als ob der Mensch des 16. Jahrhunderts nicht gerade damit, daß er nach dem ihm *gnädigen* Gott, nach dem *Recht* seiner Gnade fragte, in einer Radikalität, neben der das Fragen des modernen Menschen eitel Leichtsinn ist, nach Gott *selbst*, seiner *Existenz* gefragt hätte! Als ob das, was dem modernen Menschen – nicht ohne schwerste Schuld aller christlichen Kirchen! – zu fehlen scheint, nicht gerade dies wäre, daß er verlernt hat, eben so, in dieser Sachlichkeit, neben der es keine andere gibt, nach Gott zu fragen!»[83]

Die theologische Kritik muss jedoch noch einen Schritt weiter geführt werden. Die reformatorische Rechtfertigungslehre wird nämlich missverstanden, sofern man sie als passgenaue Antwort auf die ihr vorausliegende, spätmittelalterliche, radikale Frage nach dem gnädigen Gott interpretiert. Diese Frage wird in Wirklichkeit von Luther gar nicht beantwortet, sondern überwunden, wie Walter Mostert gezeigt hat.[84] Luthers reformatorische Erkenntnis besteht nicht darin, auf die Frage nach dem gnädigen Gott eine bessere Antwort als die bisherige Theologie gefunden zu haben, sondern in der Erkenntnis, dass die Frage nach dem gnädigen Gott als solche falsch gestellt, die Gottes-

---

82 *W. Mostert*, Die Frage nach der Existenz Gottes, S. 91.
83 *K. Barth*, KD. IV/1, Zürich 1953, S. 591.
84 Vgl. *W. Mostert*, Die Frage nach der Existenz Gottes, S. 9ff.

frage also auch in dieser existentiellen Form noch gar nicht radikal genug gestellt ist. In beiden Fällen, ob nun nach der Existenz Gottes oder aber nach seiner Gnade gefragt wird, ist das Subjekt des Fragens und Erkennens der Mensch. *Er* ist es, der fragt: Wie kriege *ich* einen gnädigen Gott? Insofern sind die Frage nach dem gnädigen Gott und diejenige nach seiner Existenz, sofern letztere nicht ein oberflächliches Gedankenspiel bleibt, zwei Seiten ein und derselben Medaille metaphysischer Theologie. Luther vollzog «eine kopernikanische Wende» der Theologie, indem er von Paulus her erkannte, dass unser Erkennen Gottes ein Erkannt*werden* voraussetzt,[85] so dass nun die Rollen von Subjekt und Objekt in der Gottesfrage vertauscht werden. Nach Luther kommt es nämlich darauf an, «Gott und das Seiende nicht bloß vor sich, sondern sich vor Gott und dem Seienden zu denken».[86] Gerhard Ebeling hat diese Grundbedingung theologischen Denkens die «coram-Relation» des Menschen genannt.[87] «So stellt uns Luthers Theologie, gerade weil sie *nicht* durch die Frage nach dem gnädigen Gott charakterisiert ist, sondern diese Frage überwindet, *nicht* vor die Aufgabe, eine uns angemessene Form der Gottesfrage zu suchen, sondern die Gottesfrage so durchzuexperimentieren, daß wir die *Frage* nach Gott als die Behinderung des Erscheinens Gottes als Gottes, und das heißt: als des gnädigen, erfahren.»[88]

Sowohl für den unter Rechtfertigungszwang stehenden Menschen als auch für den von diesem unter Anklage gestellten Gott gilt: «Was Gnade ist, muß […] nicht nur von jenseits des Menschen kommen, es muß auch da bleiben, um eben Gnade zu bleiben.»[89] Auch die Theodizeefrage findet, wenn überhaupt, nur so ihre Lösung: «Die Selbstrechtfertigung Gottes ist die Rechtfertigung des Menschen durch Gott. Das ist die entscheidende Antwort auf die Frage nach der Theodizee.»[90]

---

85 Vgl. 1Kor 8,2f; 13,12; 14,24f.

86 *W. Mostert*, Die Frage nach der Existenz Gottes, S. 109.

87 *G. Ebeling*, Dogmatik des christlichen Glaubens I, S. 348ff. Zur coram-Relation bei Luther siehe *G. Ebeling*, Luther, S. 220ff.

88 *W. Mostert*, Die Frage nach der Existenz Gottes, S. 119.

89 *W. Mostert*, Die Frage nach der Existenz Gottes, S. 120.

90 *G. Ebeling*, Dogmatik des christlichen Glaubens III, S. 518. Siehe dort zum Ganzen S. 511ff.

Rechtfertigung und Ethik

Abgewiesen ist damit jeder Versuch einer ethischen Theologie, welche Orthopraxie in Antithese zur Orthodoxie fordert und die Rechtfertigung Gottes wie des Menschen dem Handeln des Menschen aufbürdet. Das heißt freilich nicht, dass darum das Anliegen einer ethischen Theologie an sich bestritten würde. Der wichtigste Entwurf einer ethischen Theologie stammt in jüngerer Zeit von Trutz Rendtorff.[91] Ich möchte sein Anliegen auf meine Weise aufnehmen, wobei ich unter ethischer Theologie eine *kritische* Theorie der durch die Gottesrelation bestimmten menschlichen Lebensführung verstehe. Das bedarf einer näheren Erläuterung.

Die bisherigen Ausführungen zur Rechtfertigungslehre in der Moderne haben zu einem doppelten Ergebnis geführt: Einerseits hat das Projekt neuzeitlicher Autonomie eine ungeheure Aufwertung der Ethik bewirkt, durch welche die Bedeutung und der Wirklichkeitsbezug der paulinisch-reformatorischen Rechtfertigungslehre zunehmend fragwürdig geworden sind. Andererseits aber lenken die Aporien des neuzeitlichen Autonomieverständnisses zur Frage nach der Rechtfertigung des Menschen allein aus Gnaden durch den Glauben an den sich selbst und den Menschen rechtfertigenden Gott zurück. Man wird also sagen müssen, dass die Frage nach der Ethik die spezifisch neuzeitliche Frage nach der Rechtfertigung des Menschen ist. Die Frage nach der Rechtfertigung des Menschen in ihrer neuzeitlichen Gestalt einer theologischen Antwort zuzuführen, ist die Aufgabe einer ethischen Theologie als kritischer Theorie, welche voraussetzt, dass die Grundfragen der Ethik über die Ethik hinausweisen und einer eigenständigen theologischen Reflexion bedürfen.

Ethische Theologie als umfassende Theorie der durch die Gottesrelation bestimmten menschlichen Lebensführung kann nach dem, was bisher gesagt wurde, freilich nicht darin bestehen, den theologischen Begriff des Ethischen, ohne weiter nachzufragen, von einem der zahlreichen philosophischen Entwürfe von Ethik abzuleiten. Ebenso wie die spätmittelalterliche Frage nach dem gnädigen Gott kann vielmehr auch die Grundfrage der neuzeitlichen Ethik nach dem guten

---

[91] Zu Rendtorffs Konzeption einer ethischen Theologie und seiner Theorie des Christentums siehe *M. Laube*, Theologie und neuzeitliches Christentum; *St. Atze*, Ethik als Steigerungsform von Theologie?

Leben nur so beantwortet werden, dass sie von der Rechtfertigungslehre her überwunden bzw. korrigiert und fundamental neu formuliert wird. Dies aber kann nur gelingen, wenn Dogmatik und theologische Ethik nicht auseinandergerissen oder als vermeintlich vormoderne und moderne Gestalt von Theologie gegeneinander ausgespielt werden.[92]

Das Ziel einer ethischen Theologie, welche die mit der neuzeitlichen Frage nach der Ethik gegebene Frage nach der Rechtfertigung des Menschen beantworten soll, kann nicht darin bestehen, die Theologie in Anthropologie und Ethik aufzulösen. Sie wird also gerade nicht versuchen, apologetisch «Gott am Problem des ethischen Aufschwungs zu verifizieren»[93]. Eine Theorie der menschlichen Lebensführung ist die Theologie insofern, als sie gerade einen Begriff der Lebensführung, der die permanente Selbstmächtigkeit des Menschen unterstellt, wie auch die moderne Idee des gelingenden Lebens radikal dekonstruiert.

Der Gedanke einer durchgängigen Identität menschlicher Lebensführung scheitert heute daran, dass der Einzelne seines Lebens keineswegs zu jedem Zeitpunkt mächtig ist. Kontingenzerfahrungen, die nicht nur von Naturereignissen, sondern auch von der Unübersichtlichkeit und Komplexität der modernen Lebensverhältnisse herrühren, führen zu der Einsicht, dass der faktische Lebens*verlauf* nur zum Teil das Resultat bewusster Lebens*führung* ist. Wohl gibt es nicht nur einzelne Handlungen, sondern auch Handlungs*weisen*.[94] Auch lassen sich *Lebensweisen* bzw. *Lebensstile* unterscheiden.[95] Aber der faktische Lebensverlauf ist mehr als die Summe unserer Handlungen und nur zum Teil das Resultat unseres Planens und Wollens.

Von «Lebensführung» lässt sich mit Johannes Fischer allerdings dann theologisch verantwortbar sprechen, wenn im Unterschied zur Konzeption Rendtorffs die für den christlichen Glauben und seine Anthropologie grundlegende Erfahrung menschlicher Grundpassivität und Rezeptivität mit bedacht wird. «Lebensführung ist dann immer auch ein *Geführt-Werden*, oder besser: Sie ist ein Sich-führen-Lassen, das sowohl ein passivisches Moment wie ein Moment der Eigenverantwortung enthält.»[96] In diesem Sinne schrieb D. Bonhoeffer: «Ich

---

[92] Vgl. *T. Rendtorff*, Ethik, 2. Aufl., Bd. I, S. 43f.

[93] *W. Mostert*, Die Frage nach der Existenz Gottes, S. 116f.

[94] Vgl. *E. Herms*, Gesellschaft gestalten, S. XVII.

[95] Vgl. *D. Korsch*, Religion mit Stil, S. 1ff.

[96] *J. Fischer*, Theologische Ethik, S. 136. Vgl. dazu auch das Wort des Auferstan-

habe mir [...] oft Gedanken darüber gemacht, wo die Grenzen zwischen dem notwendigen Widerstand gegen das ‹Schicksal› und der ebenso notwendigen Ergebung liegen. Der Don Quijote ist das Symbol für die Fortsetzung des Widerstandes bis zum Widersinn, ja zum Wahnsinn – ähnlich Michael Kohlhaas, der über der Forderung nach seinem Recht zum Schuldigen wird – [...] der Widerstand verflüchtigt sich ins Theoretisch-Phantastische; der Sancho Pansa ist der Repräsentant des satten und schlauen Sichabfindens mit dem Gegebenen. Ich glaube, wir müssen das Große und Eigene wirklich unternehmen und doch zugleich das Selbstverständlich- und Allgemein-Notwendige tun, wir müssen dem ‹Schicksal› – ich finde das ‹Neutrum› dieses Begriffes wichtig – ebenso entschlossen entgegentreten wie uns ihm zu gegebener Zeit unterwerfen. Von ‹Führung› kann man erst *jenseits* dieses zwiefachen Vorgangs sprechen. Gott begegnet uns nicht nur als Du, sondern auch ‹vermummt› im ‹Es›, und in meiner Frage geht es also im Grunde darum, wie wir in diesem ‹Es› (‹Schicksal›) das ‹Du› finden, oder m. a. W., [...] wie aus dem ‹Schicksal› wirklich ‹Führung› wird. Die Grenzen zwischen Widerstand und Ergebung sind also prinzipiell nicht zu bestimmen; aber es muß beides da sein und beides mit Entschlossenheit ergriffen werden. Der Glaube fordert dieses bewegliche Handeln. Nur so können wir uns[ere] jeweilige gegenwärtige Situation durchhalten und fruchtbar machen.»[97] Das aber bedeutet, dass die Ethik auch die Grenzen menschlicher Handlungsmöglichkeiten und aktiver, bewusster Lebensführung, und d. h. auch die Grenzen des Ethischen, stets mit zu bedenken hat.

Ethische Theologie lässt sich aber auch als Handlungstheorie bestimmen, welche nicht nur den Begriff der Lebensführung, sondern auch denjenigen der Handlung theologisch kritisch reflektiert. Vom reformatorischen Gedanken der Rechtfertigung her ist nämlich auch die Hinlänglichkeit der Kategorie des Handelns für eine wirklichkeitsgerechte Beschreibung menschlicher Existenz zu bestreiten, insofern nämlich der Mensch sein Dasein nicht durch sein eigenes Handeln hervorbringen und auch die Grundbedingungen seiner weiteren Existenz – Anerkennung, Liebe, Vergebung – nicht durch eigenes Tun sicherstellen kann. Eine theologische Handlungstheorie im Sinne der

---

denen an Petrus in Joh 21,18 und den Bericht des evangelischen Theologen Helmut Gollwitzer über seine Kriegsgefangenschaft: *H. Gollwitzer*, ... und führen, wohin du nicht willst.

[97] *D. Bonhoeffer*, Widerstand und Ergebung, S. 333f.

Rechtfertigungslehre weist sich dadurch aus, dass sie die Fragestellung philosophischer Handlungstheorien umkehrt: Die Frage nach dem Menschen als Handlungssubjekt und damit Gegenstand der Ethik findet ihre angemessene Antwort erst dann, wenn sie überführt wird in die Frage nach dem Handeln Gottes.[98] Der entscheidende Aspekt der Rechtfertigungslehre für eine ethische Theologie besteht in der Einsicht, dass sich der Mensch als handelndes Subjekt nur vom Handeln Gottes her verstehen kann, dessen Objekt er ist. Die Rede vom sich selbst und den Menschen rechtfertigenden Gott ist Rede vom Handeln Gottes am Menschen und der Welt. Sie eröffnet ein spezifisch theologisches Verständnis von Freiheit, welche die Grundbedingung allen Handelns ist.

Als Handlungstheorie kann die in der Rechtfertigungslehre begründete theologische Ethik nur insofern gelten, als mit dem Handlungsbegriff auch das vorgängige Verständnis von Ethik der Kritik unterzogen wird. Es zeigt sich dann, dass die Ethik der Rechtfertigungslehre nicht so sehr eine solche des Tuns als vielmehr des Lassens ist. Plakativ lautet das Motto einer an der Rechtfertigungslehre gewonnenen Ethik des Sein-Lassens in Umkehrung des Satzes aus Jak 1,22: «Seid aber Hörer des Wortes und nicht Täter allein, wodurch ihr euch selbst betrügt!» Das Evangelium als Rede vom Handeln des rechtfertigenden Gottes beschreibt den Menschen, und zwar gerade den zum Handeln aufgerufenen, als rezeptives Geschöpf Gottes, das sein Leben wie Gottes Gnade nur von Gott allein empfangen kann. Die Lebensform aber, in der die Rezeptivität des Menschen ausdrücklich wird, ist das Hören.[99] Der gläubige Mensch ist ganz Ohr. Das Hören des Wortes Gottes ist allerdings ebenso wenig gegen das menschliche Tun auszuspielen wie umgekehrt, doch liegt nach biblischer Auffassung ein eindeutiges Gefälle vom Hören zum Tun vor, so dass dem Hören theologisch der Primat zukommt.[100]

Das Hören des Wortes Gottes aber weist ein in eine Ethik des Lassens, die Gott Gott und den Mitmenschen ihn selbst sein lässt, statt

---

[98] Zum dogmatischen Gehalt der Rede vom Handeln Gottes vgl. *U. Körtner*, Der verborgene Gott, S. 117ff.

[99] *H. Weder*, Neutestamentliche Hermeneutik, S. 150: «Hören […] stellt die Lebensform der Rezeptivität überhaupt dar.» Vgl. dort auch S. 145ff. Siehe ferner *W. Mostert*, Die Frage nach der Existenz Gottes, S. 120f; *A. Peters*, Rechtfertigung, S. 205.

[100] Siehe Röm 10,17!

über ihn und die Welt eigenmächtig verfügen zu wollen. Das ethische Grundproblem ist, wie Mostert zutreffend schreibt, «weniger im Engagement als in der Distanznahme zum andern zu sehen, der aus dem Zugriff des Subjekts befreit werden muß»[101]. Die Anerkennung des Anderen, die ihm das Seine zukommen lassen will und auf sein Wohlergehen bedacht ist, drückt sich in einer theologisch reflektierten Zurückhaltung aus. Es kommt eben keineswegs darauf an, mit Marx gesprochen, die Welt oder unsere Mitmenschen nach unseren Vorstellungen zu verändern oder zu verbessern, sondern darauf, sie zu verschonen.

Rechtfertigung des Sünders und Kultur des Verzeihens

Die Gnadenlosigkeit einer übertribunalisierten Lebenswelt lässt die Frage nach einer Kultur des Erbarmens und des Verzeihens laut werden. Nach Hannah Arendt war es Jesus von Nazaret, der die Bedeutung des Verzeihens für den Bereich menschlicher Angelegenheiten entdeckt hat.[102] Allenfalls noch bei den Römern, im – den Griechen der Antike unbekannten – Prinzip der Schonung der Besiegten, glaubt Arendt außerhalb der Evangelien Spuren der Einsicht in die Relevanz der Vergebung für den Schaden, den alles Handeln unweigerlich mit anrichtet, zu finden.

Wo es kein Verzeihen gibt, bleibt nur die Rache. Sie ist eine Form der Kompensation für entstandenes Unrecht, die in der Religionsgeschichte auch auf das Verhältnis zwischen Menschen und Göttern, Lebenden und Toten ausgeweitet wird. Durch sie soll die gestörte Rechtsordnung wiederhergestellt werden. Rache gebiert freilich neues Unrecht. Menschen, Gesellschaften und Religionsgemeinschaften geraten so in eine Spirale der Rache, von Gewalt und Gegengewalt hinein.

Im Unterschied zu vergangenen Epochen entwickelt die Neuzeit ein Rechtsverständnis, wonach sich die Rache außerhalb des Rechtsrahmens bewegt, während in früheren Zeiten die Rache als soziales Verhaltensmuster innerhalb der Rechtsordnung verstanden wurde. An die Stelle der Rache tritt die Strafe im Rahmen eines gesetzlich festgelegten Strafmaßes. In ihr sieht Arendt die einzige Alternative zur

---

[101] *W. Mostert*, Die Frage nach der Existenz Gottes, S. 119.
[102] Vgl. *H. Arendt*, Vita activa, S. 304.

Rache, Strafe und Vergebung stehen aber in einem inneren Zusammenhang, da wir nicht verzeihen können, wo uns nicht die Wahl gelassen ist, die Vergebung zu verweigern und gegebenenfalls zu strafen. Umgekehrt handelt es sich bei denjenigen Vergehen, die sich als unbestrafbar herausstellen, gemeinhin auch um solche, die wir außerstande sind zu vergeben. Arendt setzt solche Vergehen mit dem radikal Bösen gleich, von dem Kant gesprochen hat.

Arendt sieht in ihren ungemein erhellenden Ausführungen zur Kultur des Verzeihens im religiösen Kontext der Verkündigung Jesu lediglich deren Entdeckungs-, nicht aber ihren unaufgebbaren Begründungszusammenhang. Wenn Arendt behauptet, Jesus habe die Ansicht vertreten, nicht nur Gott, sondern auch die Menschen hätten die Macht, Sünden zu vergeben, ebnet sie den Unterschied zwischen Schuld und Sünde ein, der für das christliche Sündenverständnis zentral ist. Denn mit Sünde sind doch jene Formen der Schuld bezeichnet, die uns zwischenmenschlich unvergebbar erscheinen. Mehrfach wird Jesus in den Evangelien dafür scharf kritisiert, dass er sich anmaße, Sünden zu vergeben, was doch Gottes Sache allein sei. Auch ist zu fragen, woher Menschen die Motivation und die Größe gewinnen, anderen zu vergeben, statt Rache zu üben.

In der Tat besteht die religiöse Provokation Jesu genau darin, dass er die Vollmacht beansprucht, im Namen Gottes Sünden zu vergeben und von dem radikal Bösen zu erlösen, die wir für unverzeihlich halten, weil ihre Folgen so immens sind, dass sie jedes menschliche Maß an Wiedergutmachung übersteigen. Das Neue Testament begreift schließlich den Tod und die Auferweckung Jesu als definitiven göttlichen Akt des Verzeihens. Mehr noch, es deutet den Tod Jesu als Inbegriff göttlicher Feindesliebe (Röm 5,10), in welcher die Zuspitzung des Gebotes der Nächstenliebe zum Gebot der Feindesliebe (Mt 5,38–48) ihren eigentlichen Grund hat. Das göttliche Verzeihen aber zielt auf endgültige und universale Versöhnung.

Gerade seine religiöse Dimension macht das Christentum zur maßgeblichen Ressource einer Kultur des Verzeihens. Die Säkularisierung religiöser Vokabeln wie Sünde und Vergebung verschüttet dagegen, wie selbst Jürgen Habermas kritisiert, das Surplus ihrer Sinngehalte, auf die eine säkulare Kultur angewiesen bleibt.

Wer Arendts Ausführungen zu den unvergebbaren, da auch unbestrafbaren Taten, das heißt zu solchen Taten, deren ungeheuerliche Schuld durch keine irdische Strafe gesühnt werden kann, im Ohr hat, wird vielleicht den Sinn der biblischen Rede vom Jüngsten Gericht neu verstehen. Der Gerichtsgedanke ist eine Implikation der christlichen Gewissheit, dass bei Gott auch in Sachen Vergebung kein Ding unmöglich ist. Ohne den Gedanken des richtenden Gottes verliert auch derjenige des gnädigen Gottes seine Plausibilität.

Die neuzeitliche Kritik des Gerichtsgedankens und der christlichen Sündenlehre, gerade in ihrer reformatorischen Zuspitzung, erweist sich als trügerisch, denn mit dem religiösen Begriff der Sünde ist auch die Dimension der Gnade abhanden gekommen. Der Mensch als Letztverantwortlicher und Angeklagter kann auf keine Instanz mehr hoffen, die ihn freispricht. Die Suche nach Sündenböcken, Schuldzuweisungen und ihre öffentliche Inszenierung gehören nicht nur zum politischen Alltag, sondern sind, wie schon weiter oben geschrieben wurde, fester Bestandteil unserer Unterhaltungskultur. Kirchliche Beicht- und Vergebungsrituale sind heute ein Minderheitenprogramm. Dafür gibt es nun die öffentlichen Lebensbeichten von Prominenten und Durchschnittsmenschen in den Medien, denen echte Vergebung versagt bleibt.

«Das Heilmittel gegen Unwiderruflichkeit – dagegen, dass man Getanes nicht rückgängig machen kann, obwohl man nicht wusste, und nicht wissen konnte, was man tat – liegt» nach Hannah Arendt «in der menschlichen Fähigkeit, zu verzeihen. Und das Heilmittel gegen Unabsehbarkeit – und damit gegen die chaotische Ungewissheit alles Zukünftigen – liegt in dem Vermögen, Versprechen zu geben und zu halten.»[103] Das Evangelium aber ist seinem Wesen nach genau dies: ein Versprechen, besser gesagt: ein Zuspruch. Durch das Versprechen seiner Liebe und seines Erbarmens bindet sich der Gott des Evangeliums in Ewigkeit an den Menschen. Das Evangelium ist die Zusage bedingungsloser Liebe, in der die Kultur des Verzeihens und des Versprechens ihren letzten Grund haben.[104]

---

[103] *H. Arendt*, Vita activa, S. 301.

[104] Arendt versteht dagegen Lk 5,21-24 (vgl. Mk 12,7-10 und Mt 9,4-6) ebenso wie die fünfte Bitte des Vaterunsers in dem Sinne, daß die Fähigkeit, Sünden zu vergeben, keineswegs auf die göttliche Barmherzigkeit zurückzuführen sei. «Nach dem Evangelium» solle der Mensch nicht vergeben, weil Gott vergibt, sondern umgekehrt (a.a.O., S. 305). Doch wird die Vollmacht des Menschensohnes, auf Erden *Sünden* zu vergeben, im Neuen Testament vom zwischenmenschlichen Verzeihen von *Schuld* deutlich abgehoben. Das zeigt sich auch daran, dass Jesus seine Jünger ausdrücklich bevollmächtigt, in seinem Auftrag bzw. in seinem Namen Sünden zu vergeben (Mt 16,19; 18,18; Joh 20,23). Auch dürfen jene neutestamentlichen Stellen nicht außer Acht gelassen werden, die ausdrücklich von Sündenvergebung

An die Theologie richtet sich die Forderung, ihrem Grund und Gegenstand im eigenen Vollzug zu entsprechen. Als *Hermeneutik der Liebe* achtet sie darauf, dass Subjekt und Prädikat in dem Satz: «Gott ist Liebe», nicht vertauscht und miteinander verwechselt werden. ‹Gott› ist eben nicht der Prädikator für eine besondere Form der Mitmenschlichkeit, wie Herbert Braun meinte.[105] Sondern Liebe ist die Wesensbestimmung Gottes, der streng als Grund aller zwischenmenschlichen Liebe zu denken ist. Gottes Wesen aber wird in seinem Handeln offenbar, so dass auch in Abgrenzung von einer substanzontologisch-metaphysischen Gotteslehre die Liebe Gottes prädikativ auszusagen ist: Gott liebt, und zwar beständig, das heißt in Ewigkeit. Werden Subjekt und Prädikat in 1Joh 4,8.16 vertauscht, mutiert die Theologie zur Ethik bzw. zur Anthropologie.[106] Sie hätte der philosophischen Theologie nichts Eigenes mehr zu sagen, sondern wäre ihr gegenüber lediglich redundant und somit überflüssig.[107] Das aber liefe auf die Selbstauflösung der Theologie hinaus.

Die Liebe, welche Gott seinem Wesen nach ist und die in seiner Offenbarung in Erscheinung tritt, ist nicht nur der Gegenstand theologischen Nachdenkens, sondern prägt auch das wissenschaftliche Ethos der Theologie. Die Liebe im Sinne der Agape eifert nicht und bläht sich nicht auf. Sie freut sich nicht über die Ungerechtigkeit, sondern freut sich an der Wahrheit, wie Paulus in 1Kor 13 schreibt. Freude an der Wahrheit ist auch das Kennzeichen guter Theologie. Wie die Liebe, weiß gute Theologie außerdem um die Stückwerkhaftigkeit ihrer Erkenntnisbemühungen (vgl. 1Kor 13,12).

Als *Hermeneutik des Verzeihens* hat die Theologie in der Rechtfertigungslehre zwar nicht ihr ausschließliches Thema, wohl aber ihr grundlegendes Kriterium und ihre grundlegende Regel für den theologischen Dialog.[108] So weiß sie darum, dass sie selbst der Vergebung bedürftig ist. Rudolf Bultmanns berühmter Aufsatz «Welchen Sinn hat es, von Gott zu reden?» (1925) schließt mit dem Eingeständnis:

---

durch den Namen Jesu (Apg 10,43) bzw. um Jesu Namen willen (1Joh 2,12) sprechen. Andernfalls wird das Evangelium, von dem Arendt spricht, als neues Gesetz missdeutet.

[105] Vgl. *H. Braun*, Die Problematik einer Theologie des Neuen Testaments, S. 341. Dagegen richtig *C.H. Ratschow*, Gott existiert, S. 15.

[106] Vgl. *U. Körtner*, Freiheit und Verantwortung, S. 32–41.

[107] Vgl. *W.E. Müller*, Evangelische Ethik, S. 15.

[108] Vgl. *G. Sauter*, Rechtfertigung.

«Auch dieses Reden ist ein Reden über Gott und als solches, wenn es Gott gibt, Sünde, und wenn es keinen Gott gibt, sinnlos. Ob es sinnvoll und ob es gerechtfertigt ist, steht bei keinem von uns.»[109] Dass Theologie nicht nur denkerischer Vollzug des Glaubens, sondern immer auch eine Gestalt der Sünde ist, dass sie am reformatorischen «simul iustus et peccator» teilhat, gilt nicht zuletzt im Blick auf die Geschichte der Theologie, die streckenweise auch eine Geschichte der Gewalt und der Verfolgung Andersdenkender ist.

Als *Hermeneutik des Versprechens* erläutert die Theologie, was es bedeutet, dass Jesus Christus das große und letztgültige Ja auf alle göttlichen Verheißungen ist (2Kor 1,20). Sie ist Grammatik der Verheißungen (promissio) wie auch der assertorischen Rede, in welche der Glaube sein Amen auf das göttliche Ja spricht. Dieses Amen aber ist, wie schon im vorigen Kapitel ausgeführt wurde, nicht ein apodiktisches Urteil, sondern es hat, eingedenk der eigenen Rechtfertigungsbedürftigkeit und Fragmenthaftigkeit, selbst assertorischen Charakter. Als Aussagen einer rechtfertigungstheologisch fundierten Hermeneutik des Versprechens erheben sie ihren Geltungsanspruch in Form der Bitte: «Amen, das ist: es werde wahr».[110]

Für die ethische Urteilsbildung ist der Glaube an die Heilsbedeutung des Todes Christi in doppelter Hinsicht von Belang, weil das Wort vom Kreuz zum einen die Logik des Sühnopfers und damit auch des Sündenbockmechanismus von innen her zerbricht. Der biblische Gerichtsgedanke und die Lehre von der Rechtfertigung des Sünders stehen darum für eine Hoffnung, die den Opfern der Geschichte wie auch den Tätern gilt. Einerseits ist zwischen Opfern und Tätern zu unterscheiden, so dass Versöhnung nicht auf Kosten der Opfer geschieht und die Mörder – mit Max Horkheimer gesprochen – nicht über ihre Opfer triumphieren.[111] Andererseits darf die theologisch begründete Kritik des Sündenbockmechanismus nicht derart pervertiert werden, dass es am Ende gar keine Täter, sondern nur noch Opfer gibt, so dass ungesühnte Schuld durch eine Versöhnungsrhetorik verschleiert wird. Bei der Benennung und Aufarbeitung von Schuld handelt es sich nicht allein um das Problem der Wiedergutmachung, so wichtig allein dieses Thema für sich schon ist, sondern auch um die

---

[109] *R. Bultmann*, Welchen Sinn hat es, von Gott zu reden?, S. 37.

[110] *M. Luther*, Vater unser im Himmelreich, EG 344,9. Im Anschluss daran *F.-W. Marquardt*, Zur Situation.

[111] Vgl. *M. Horkheimer*, Die Sehnsucht nach dem ganz Anderen, S. 62.

Frage, wie Versöhnung möglich ist angesichts der Toten, die am Akt der Versöhnung nicht mehr als Subjekt beteiligt sein können.

Versöhnung hat das Gedächtnis der Toten und ihrer Leiden einzubeziehen. Daher kann es Vergebung und Versöhnung unter den Lebenden nur geben, wenn beides zugleich ein mit den Toten solidarisches Handeln ist. Das biblische Wort von der Versöhnung aber verweist auf Kreuz und Auferstehung Jesu als letzten Grund göttlicher Solidarität mit den Opfern der Geschichte und somit auf den letzten Grund einer Hoffnung auf Versöhnung in kosmischen Dimensionen, die keinen, der je gelebt und gelitten hat, ausschließt. Diese Hoffnung gilt es im Leben und Handeln aus Glauben praktisch zu bewähren. Leben aus der Kraft der Versöhnung ist also Leben im eschatologischen Horizont des Reiches Gottes. In diesen Horizont sind alle menschlichen Bemühungen um Versöhnung gestellt, ohne ihn freilich je erreichen zu können.

3. Religion der Freiheit

Freiheit und Rechtfertigung

Letztlich ist die Lehre von der bedingungslosen Annahme und Rechtfertigung des Gottlosen nichts anderes als eine Freiheitslehre. Nach reformatorischem Verständnis sind Heilsgeschehen und Heilsgeschichte eine Geschichte der Freiheit, genauer gesagt: eine Geschichte der Befreiung. Im christlichen Heilsverständnis nimmt der Begriff der Freiheit eine Schlüsselstellung ein. «Im Begriff der Freiheit ist beides aufs engste miteinander verschlungen: die Sache der Reformation und das Problem, wie sie zum Gegenstand des Vermächtnisses werden kann.»[112]

Tatsächlich war die Reformation in vielfältiger Hinsicht eine Befreiungsbewegung, in der es um die Freiheit von klerikaler Bevormundung ebenso ging wie um politische und soziale Freiheiten. Die Aufklärung wertete die Reformation trotz aller Kritik als eine Entwicklungsstufe auf dem Weg zur Freihcit des Geistes und aus der selbstverschuldeten Unmündigkeit des Menschen. In ihr sah Hegel den Vorschein der «absoluten Religion», welche zugleich eine Religion der Wahrheit und der Freiheit sei.[113] Allerdings deutete Hegel die Reformation lediglich als Etappe eines geistesgeschichtlichen Prozesses, an dessen Ende die Aufhebung der Religion in die Philosophie stehen würde, so dass die Reformation nach seinem Verständnis über sich hinaus wies. Der linke Flügel der Hegelschule deutete die Reformation als Vorstufe der bürgerlichen und dann der kommunistischen Revolution, deren Ziel ein utopisches Reich der Freiheit war. Auch die Befreiungstheologie des 20. und 21. Jahrhunderts begreift die Reformation und ihre Theologie als eine Form der politischen Theologie. Leonardo Boff würdigt den historischen Protestantismus als Förderer der bürgerlichen Freiheit, Luther als Befreier in der Kirche und Reformator in der Gesellschaft und sieht im Erbe der Reformation einen Faktor zur Befreiung der Unterdrückten in der Gegenwart.[114] Tatsächlich hat Luther die Theologie als «scientia libertatis Christianae» bezeichnet.[115]

---

[112] *G. Ebeling*, Frei aus Glauben, S. 9.

[113] *G. W. F. Hegel*, Vorlesungen über die Philosophie der Religion, S. 167.

[114] *L. Boff*, Und die Kirche ist Volk geworden, S. 201ff.

[115] WA 6,538,30 (De captivitate Babylonica ecclesiae praeludium, 1520).

Ihr Zentrum hat das reformatorische Freiheitsverständnis nicht in kirchlichen oder politischen Freiheitsforderungen, sondern in der Rechtfertigungstheologie, wie wir uns exemplarisch an Luthers Freiheitslehre verdeutlichen wollen. Im Vergleich mit heutigen Freiheitsdiskursen fällt auf, dass für Luther die Frage, ob der Mensch frei oder unfrei ist, zu kurz greift, sofern sie Freiheit einfach mit Willensfreiheit gleichsetzt. Im Gegenteil hat die Freiheitserfahrung eines Christenmenschen die Unfreiheit des menschlichen Willens zur Voraussetzung. Diese aber ist nicht im Sinne eines ontologischen oder metaphysischen Determinismus zu verstehen, sondern als Resultat eines Freiheitsverlustes, der als Folge der Sünde gedeutet wird. Es sind konkrete Erfahrungen des Verlustes und der Gefährdung menschlicher Freiheit, die das theologisch-soteriologische Nachdenken über das Wesen menschlicher Freiheit motivieren. Freiheit kann nicht nur missbraucht, sie kann auch verspielt werden. Sie wird nicht aus neutraler Beobachterperspektive behauptet oder bestritten, sondern aus der Sicht des Glaubens bezeugt und zugesprochen. Es geht Luther nicht um eine formale Freiheitsbehauptung, sondern um existentiellen Freiheitsgewinn.

Unter Berufung auf Paulus vertritt Luther die These, dass der Mensch nur frei ist, sofern er zur Freiheit befreit wird (Gal 5,1). Wird das Heilsgeschehen als Befreiungsgeschehen gedeutet, setzt dies voraus, dass der Mensch von Hause aus unfrei ist. Im christlichen Kontext wird die menschliche Freiheit zunächst unter den Bedingungen ihres faktischen Verlustes thematisch, für den der Begriff der Sünde steht. Selbst dort, wo sich der Mensch frei in seinen Entscheidungen und seiner Lebensführung wähnt, ist er nach reformatorischer Auffassung unfrei, weil – bewusst oder unbewusst – in der Negation Gottes gefangen. Die reformatorische Rechtfertigungs- und Freiheitslehre hat als Kehrseite eine radikale Lehre von der Unfreiheit des Menschen, wie auch eine radikale Lehre von der Prädestination, d. h. der freien Gnadenwahl Gottes, für Luther und Calvin, aber auch noch für den frühen Melanchthon das Fundament der Rechtfertigungslehre bildet.[116]

Wahre Freiheit besteht in der Befreiung des Menschen von seiner Sünde durch Gott – und das heißt im Sinne Luthers und der übrigen Reformatoren: in der Befreiung vom Unglauben. Dieser Befreiungsvorgang wird im Anschluss an Paulus als Rechtfertigungsgeschehen

---

116 Vgl. *B. Hamm*, Was ist reformatorische Rechtfertigungslehre?, S. 24.

gedeutet. Der Mensch kann sich aus der selbstverschuldeten Unfreiheit der Sünde nicht selbst befreien, sondern einzig durch Gott befreit werden. Die solchermaßen wiedergewonnene Freiheit bleibt unverfügbare Gnade. Weder ist sie noch wird sie ein natürliches Vermögen. Sie ist zugesprochene Freiheit, die einerseits extern bleibt und andererseits im Glauben, das heißt im Hören der befreienden Botschaft des Evangeliums, anzueignen ist. Dauerhaft wird diese Freiheit erst im Reich Gottes. Fragmentarische Freiheitserfahrungen sind der Grund für die eschatologische Hoffnung auf vollendete Freiheit.

Von der Freiheit eines Christenmenschen

Reformatorische Theologie versteht unter Freiheit im gehaltvollen Sinne des Wortes nicht eine natürliche Anlage des Menschen zur Entscheidungsfähigkeit bzw. die abstrakte Möglichkeit, zwischen Handlungsalternativen zu wählen, sondern die Freiheit des Glaubens. Die Alternative zwischen Freiheit und Unfreiheit ist identisch mit der Unterscheidung zwischen Glaube und Unglaube, wahre Freiheit daher die Freiheit eines Christenmenschen, die Luther ausführlich in seiner gleichnamigen Schrift von 1520 beschrieben hat.

Luthers Lehre vom unfreien Willen muss in ihrem Zusammenhang mit der Lehre von der Freiheit eines Christenmenschen gesehen werden, die Luther in einer Doppelthese zusammenfasst: «Ein Christenmensch ist ein freier Herr über alle Dinge und niemand untertan. Ein Christenmensch ist ein dienstbarer Knecht aller Dinge und jedermann untertan.»[117]

Der Widerspruch zwischen Freiheit und Dienstbarkeit des Glaubens lässt sich nach Luther nur verstehen, wenn man beachtet, dass jeder Christenmensch «zweierlei Natur», nämlich «geistlicher und leiblicher» ist.[118] Die anthropologische Unterscheidung zwischen geistlicher und leiblicher Natur ist bei Luther allerdings nicht ontologisch allgemein – etwa im Sinne eines platonischen Leib-Seele-Dualismus – gemeint, sondern streng soteriologisch. Sie entspricht der eschatologischen Unterscheidung zwischen altem und neuem Menschen. Ganz so ist bei Luther auch die Unterscheidung zwischen inne-

---

[117] WA 7,21 (modernisierte Fassung). Luther beruft sich für diese zweifache These auf 1Kor 9,19; Röm 13,8 und Gal 4,4.

[118] WA 7,21.

rem und äußerem Menschen zu verstehen. Der Begriff Seele steht für den geistlichen, neuen, innerlichen Menschen, der Begriff Leib für den alten und äußerlichen Menschen aus Fleisch und Blut.[119] Die Unterscheidung zwischen geistlichem und äußerlichem Menschen entspricht in Luthers Freiheitsschrift von 1520 wiederum derjenigen zwischen Glaube und Werken.

Die Doppelthese Luthers und die mit ihr verbundenen begrifflichen Unterscheidungen setzen voraus, dass der Mensch sowohl leiblich als auch seelisch bzw. geistlich existiert. Den Leib bezeichnet Luther ausdrücklich als den Leib der Seele. Er ist «ihr eigen Leib».[120] Leib und Seele sind nach Luther zwar nicht zu trennen, wohl aber unbedingt zu unterscheiden. Dementsprechend muss auch die Freiheit oder Unfreiheit des inwendigen Menschen bzw. der Seele von der Freiheit oder Unfreiheit des äußeren Menschen unterschieden werden. Nach Luther bedeutet dies aber, dass der äußere Mensch bzw. die Sphäre des Leiblichen den seelischen oder geistlichen Zustand des inneren Menschen weder positiv noch negativ beeinflussen kann. In soteriologischer Hinsicht kann dies allein der von Gott geschenkte Glaube, zu dem der sündige Mensch von sich aus nicht fähig ist. Die Werke dagegen sind raumzeitliche Ereignisse, die sich auf den äußeren Menschen beziehen. Im Medium seines Leibes existiert der Mensch nicht nur für sich allein, sondern unter seinen Mitmenschen. Die Werke des äußeren Menschen in Raum und Zeit sollen einerseits der Unterwerfung des Leibes unter den Geist dienen und andererseits auf das Wohl des Nächsten gerichtet sein.

Dies wird wiederum christologisch begründet. Wie Gott durch Christus umsonst geholfen hat, soll der Christenmensch mit seinem Leib und seinen Werken dem Nächsten dienen. Einzig in dieser Hinsicht – hier aber sehr wohl – gilt nach Luther, dass der Christenmensch ein dienstbarer Knecht aller Dinge und jedermann untertan sein soll. «Aus dem allen folgt der Satz, daß ein Christenmensch nicht sich selbst lebt, sondern in Christus und seinem Nächsten – in Christus durch den Glauben, im Nächsten durch die Liebe.»[121]

Luther diskutiert das Freiheitsthema unter soteriologischer Perspektive. «Leib» und «Seele» bzw. «innerer und äußerer Mensch»

---

[119] Ebd.

[120] WA 7,31.

[121] WA 7,38 (modernisierte Fassung).

sind in diesem Zusammenhang keine Begriffe einer anthropologischen Dicho- oder Trichotomie. Weil die Gnade nach Luther stets externe Gabe bleibt und niemals ein interner Habitus wird, hält er die zum Beispiel bei Thomas von Aquin intensiv diskutierte Frage nach dem Ort eines solchen Gnadenhabitus in der menschlichen Psyche für verfehlt. Es ist der Mensch als ganzer, der durch das Gnadengeschehen umgewandelt wird, weshalb Luther den Personbegriff anstelle des Seelenbegriffs bevorzugt, wobei zwischen Person und Werk streng unterschieden wird.[122]

Als lebendige, «beseelte» Person wird ein und derselbe Mensch als ganzer einer doppelten Betrachtung unterzogen. Das Menschsein des einen Menschen lässt sich theologisch nur betrachten, indem zwei nicht aufeinander abbildbare Perspektiven komplementär aufeinander bezogen werden. Es ist die Komplementarität der gegensätzlichen Perspektiven, in denen jeweils der Mensch als ganzer betrachtet wird, die in der Paradoxie jener Doppelthese von der Freiheit und Unfreiheit des Christenmenschen ihren sprachlich adäquaten Ausdruck findet.

Bedingte Freiheit

Der evangelische Theologe Christian Walther schlägt vor, die christliche Freiheit im Sinne Kants als eine transzendentale Freiheit zu verstehen, «die dem der glaubt, gleichsam im Rücken steht. Kausal wird sie nicht verrechnet werden können. Aber als Bestandteil einer Rückbindung, die der Glaube ja ist […], wird die Freiheit des Glaubens zum Grund, sich nicht einfach deterministischen Zwängen unterwerfen zu müssen. Vielmehr wird sie zum Impuls, das Handwerk der Freiheit im Sinne Bieris zu entwickeln und zu fördern, um so Alternativen zum Besseren entdecken und nutzen zu können.»[123]

Die Phänomenologie der Freiheit des Philosophen Peter Bieri ist auch für das theologische Nachdenken erhellend.[124] Das gilt nicht nur für seine Analyse von Erfahrungen der Unfreiheit.[125] Auch sonst bestehen zwischen seinem und Luthers Freiheitsverständnis gewisse

---

[122] Siehe dazu *G. Ebeling*, Luther, S. 175f.

[123] *Chr. Walther*, Strukturwandel der Freiheit, S. 275. Vgl. *P. Bieri*, Das Handwerk der Freiheit.

[124] Bieri bezieht sich stark auf die Arbeiten Harry G. Frankfurts, dessen Ideen er aber erheblich modifiziert. Vgl. *H. G. Frankfurt*, Freiheit und Selbstbestimmung.

[125] Vgl. *P. Bieri*, Das Handwerk der Freiheit, S. 84ff.

Parallelen. Denn wie für Bieris Verständnis von Willensfreiheit gilt auch für die Freiheit des Glaubens bei Luther, dass sie keine unbedingte, sondern eine bedingte Freiheit ist.[126] Insofern ist allerdings Walthers Rede von deterministischen Zwängen, denen der Glaube sich nicht unterwerfen müsse, missverständlich oder zumindest erklärungsbedürftig. Freiheit von subjektiv erfahrbaren Zwängen bedeutet weder bei Bieri noch bei Luther, dass eine indeterministische Freiheitstheorie vertreten wird. Beide Autoren stimmen nämlich darin überein, dass die Idee einer unbedingten Freiheit nicht nur illusorisch, sondern widersprüchlich und logisch inkonsistent ist.[127]

Systematisch-theologisch hat das auch Friedrich Schleiermacher überzeugend nachgewiesen. Wer behauptet, ein schlechthinniges Freiheitsgefühl zu haben, «der täuscht entweder sich selbst, oder er trennt, was notwendig zusammengehört. Denn sagt das Freiheitsgefühl eine aus uns herausgehende Selbsttätigkeit aus: so muss diese einen Gegenstand haben, der uns irgendwie geworden ist, welches aber nicht hat geschehen können ohne eine Einwirkung desselben auf unsere Empfänglichkeit, in jedem solchen Fall ist daher ein zu dem Freiheitsgefühl gehöriges Abhängigkeitsgefühl mitgesetzt, und also jenes durch dieses begrenzt.»[128] Unbedingte oder schlechthinnige Freiheit lässt sich nicht vernünftig denken. Soll Freiheit wirklich *meine* Freiheit, soll der Wille tatsächlich *mein eigener* Wille sein, gibt es Freiheit immer nur als *bestimmte*, d. h. aber als *bedingte* Freiheit. Menschliche Freiheit, d. h. die von einem Menschen behauptete, von ihm beanspruchte oder ihm zugeschriebene Freiheit ist verwoben mit seiner konkreten Lebensgeschichte und seinen Lebensumständen.

Nach Luthers Auffassung ist menschliche Freiheit nicht nur bedingt, sondern stets *angeeignete* Freiheit. Soweit stimmt Bieris philosophische Freiheitstheorie mit Luther überein. Angeeignete Freiheit aber ist verstandene und willentlich gebilligte Freiheit. Wie die Freiheit, so ist Bieri zufolge auch das Selbst, von dem diese Freiheit ausgesagt wird, «ein vorübergehendes Gebilde auf schwankendem Grund, und es gehört zu den Voraussetzungen für Willensfreiheit, diese einfache und eigentlich offensichtliche Tatsache anzuerkennen, genauso wie die Tatsache, daß es Zeiten gibt, in denen wir weder autonom sind

---

[126] Vgl. *P. Bieri*, Das Handwerk der Freiheit, S. 29ff.
[127] Vgl. *P. Bieri*, Das Handwerk der Freiheit, S. 165ff.
[128] *F. Schleiermacher*, Der christliche Glaube, S. 27f (§ 4).

noch das Gegenteil»[129] Christlich gesprochen gründet das Selbst nicht in sich selbst, sondern extern in Christus und der durch ihn vermittelten Beziehung Gottes zum Menschen. Als extern zugespielte kann auch die Freiheit des Christenmenschen nur angeeignet werden, ohne je zu einem festen Besitz zu werden. Solchermaßen lässt sich der Glaube, der aus dem Hören des Evangeliums kommt,[130] als Aneignung der Freiheit interpretieren.

Als göttliche Gabe ist der Glaube unverfügbar, das heißt kontingent. Mit Bieris Idee der bedingten und angeeigneten Freiheit berührt sich der Gedanke insofern, als Bieri mit einer gewissen Überspitzung sagt: «Willensfreiheit ist ein Stück weit *Glückssache.*»[131] Worin sich Bieris Phänomenologie der Freiheit und Luthers Freiheitsverständnis jedoch gravierend unterscheiden ist die Behauptung Bieris, «daß die Freiheit des Willens etwas ist, das man sich *erarbeiten* muß».[132] So verstanden, wäre der Glaube als Aneignung der Freiheit *ein Werk* und nach Luthers Auffassung kein wahrer Glaube mehr. Die Aneignung des Glaubens ist nach christlicher Auffassung kein Tun, sondern ein Empfangen. Was der Glaube als «Handwerk der Freiheit» (Bieri) zu leisten vermag, betrifft – mit Luther gesprochen – den äußerlichen, nicht aber den inneren Menschen, d. h. sein Weltverhältnis, nicht sein Gottesverhältnis.

Vom unfreien Willen

Die christliche Freiheit geht für Luther auf paradoxe Weise nicht nur mit der Dienstbarkeit und Knechtschaft des Menschen, sondern auch mit der Unfreiheit seines Willens zusammen. Die Lehre vom unfreien Willen geht folgerichtig aus Luthers radikalem Verständnis der Rechtfertigung des Sünders durch den Glauben allein hervor. Er hat sie mit Vehemenz gegen Erasmus von Rotterdam und dessen Diatribe über den freien Willen verteidigt.

Dass die Bezeichnung «freier Wille» ein Titel ohne echten Wert sei, ist bis zu einem gewissen Grade auch philosophisch plausibel. Allerdings darf der Zusammenhang von Luthers These mit seinem Sündenverständnis nicht außer Acht gelassen werden. Sie trifft eine

---

[129] *P. Bieri*, Das Handwerk der Freiheit, S. 423.
[130] Vgl. Römer 10,17.
[131] *P. Bieri*, Das Handwerk der Freiheit, S. 415.
[132] *P. Bieri*, Das Handwerk der Freiheit, S. 383.

Aussage über den sündigen Menschen. In seiner Schrift «Vom unfreien Willen» («De servo arbitrio», 1525) radikalisiert Luther seine These allerdings zu einer schöpfungstheologischen Aussage. Demnach gilt grundsätzlich, dass der Mensch keinen freien Willen hat. Luther vergleicht ihn mit einem Lasttier, das entweder von Gott oder vom Teufel geritten wird, und gelangt zu dem Schluss, dass Freiheit des Willens ein exklusives Gottesprädikat ist. «Wenn dieses dem Menschen beigelegt wird, wird es in nichts rechtmäßiger beigelegt, als würde man ihnen auch die Gottheit selbst beilegen, eine Gotteslästerung, wie sie größer nicht sein kann.»[133] Wenn aber die Theologen dem Menschen überhaupt irgendeine Kraft der eigenen Spontaneität beilegen wollen, sollten sie dafür nach Luthers Meinung einen anderen Ausdruck als «freier Wille» wählen. Vom freien Willen lasse sich theologisch allenfalls in einem uneigentlichen Sinne sprechen, sofern dem Menschen ein solcher nur im Hinblick auf das, was ‹niedriger› ist als er selbst, zugestanden wird, d. h. für den Bereich seiner alltäglichen Lebensführung, nicht aber im Hinblick auf Heil oder Verdammnis.[134]

Dass auch der Wille des Glaubenden unfrei ist, wie Luther in «De servo arbitrio» behauptet, bedeutet keineswegs, der Glaube sei ein äußerlich auferlegter oder ein innerer Zwang. Ganz im Gegenteil ist der Glaube die Erfahrung von Freiheit schlechthin, nämlich die Erfahrung einer Gewissheit, die die gesamte Existenz trägt. Die Bedingtheit dieser Freiheit gründet in der Unbedingtheit der göttlichen Liebe. Der Begriff der göttlichen Notwendigkeit steht bei Luther nicht für einen inneren Zwang aufseiten des Glaubenden, sondern im Gegenteil für die Gewissheit der Freiheit. Gemeint ist aber nicht eine im Möglichen schwebende formale Wahlfreiheit, sondern die Befreiung und Freiheit von Sünde, Tod und Teufel. Der Glaube ist nicht in dem Sinne frei, dass er willentlich zustande gebracht worden ist, sondern er stiftet Freiheit, indem er fortan das innere Gravitationszentrum des Menschen und all seiner Wünsche bildet.

Gerade so sind auch Luthers Berufung auf die Freiheit des Gewissens auf dem Reichstag zu Worms 1521 und der ihm zugeschriebene Ausspruch «Hier stehe ich, ich kann nicht anders» zu verstehen. Aus

---

133 WA 18,636 (Übersetzung nach B. Jordahn: M. Luther, Daß der freie Wille nichts sei. Antwort D. Martin Luthers an Erasmus von Rotterdam, München ^{3}1983).

134 WA 18,638.

diesen Worten spricht nicht der innere Zwang eines unfreien Willens, sondern die Notwendigkeit eines freien Willens, dem alles daran liegt, ein Mensch zu sein, der zu seinem bestehenden Willen keine Alternative sieht, weil mit ihm seine gesamte Existenz und das Grundverständnis seiner selbst auf dem Spiel steht. Es wäre in den Augen Luthers gerade ein Zeichen von Unfreiheit gewesen, hätte er eingelenkt und ausweichend geantwortet: «Hier stehe ich, ich kann auch anders.» Dass er eben nicht anders konnte, rührt daher, dass der ihn leitende Wille im Sinne der Theorie Harry G. Frankfurts eine Volition zweiter Ordnung ist, d. h. ein handlungsleitender Wunsch, mit dem sich Luther reflektiert und entschlossen identifiziert.[135]

Zugeeignete Freiheit

Nicht von ungefähr nimmt meine Beschreibung des Glaubens Anleihen bei Peter Bieris Beschreibung der *leidenschaftlichen* Freiheit.[136] Als Leidenschaft definiert Bieri einen lebensbestimmenden Willen, «der nicht versklavende Starrheit, sondern befreiende, identitätsbildende Kontinuität besitzt»[137]. Theologisch ist die identitätsstiftende Kontinuität aber christologisch und eschatologisch zu bestimmen. Identitätsstiftend ist die extern vermittelte Christusbeziehung. Und die Kontinuität ist diejenige eines neuen Seins, das vom alten Sein qualitativ geschieden ist.

Der Vollzug der Aneignung, die Glauben genannt wird, hat eine passive Grundstruktur. Wiewohl sie aus der Beobachterperspektive als Aktivität bestimmt werden kann, wird sie doch subjektiv von demjenigen, der diese Aneignung vollzieht, als ein Bestimmt*werden* erfahren. Die *an*geeignete Freiheit des Glaubens wird als *zu*geeignete Freiheit erlebt. Paradoxerweise weiß sich der Glaubende nach Luther in seiner Freiheit determiniert, jedoch nicht durch die Natur und ihre Gesetze, sondern durch Gott.

---

[135] Vgl. *H. G. Frankfurt*, Willensfreiheit und der Begriff der Person, in: *ders.*, Freiheit und Selbstbestimmung, S. 65–83.

[136] Vgl. *P. Bieri*, Das Handwerk der Freiheit, S. 424f.

[137] *P. Bieri*, Das Handwerk der Freiheit, S. 424.

4. Schriftgemäßheit

Sola scriptura

Worin gründet nun nach reformatorischem Verständnis der befreiende Glaube, worin seine Gewissheit? Es ist das Wort Gottes, genauer gesagt, das Evangelium, woran der Glaube sich halten und worauf er sich verlassen kann. Die grundlegende Gestalt des Wortes ist nach reformatorischer Lehre die Predigt. Sie ist das entscheidende Medium, durch welches das Evangelium zur Sprache kommen soll. Wie das Evangelium überhaupt hat auch die Predigt die Struktur der performativen Rede, durch die das, was da zur Sprache kommt, auch wirksam wird. Formal gesprochen ist das Evangelium nicht nur Anrede – das wäre auch die göttliche Forderung in Gestalt des Gebotes –, sondern Zusage, *promissio*, nämlich die Zusage der Sündenvergebung. So sehr das Evangelium seinem Wesen nach mündliche Rede ist, so sehr bedarf es doch nach reformatorischer Überzeugung der schriftlichen Bezeugung. Wohl ist es nach Paulus der Geist, der lebendig macht, und nicht der Buchstabe (2Kor 3,6). Allerdings hat der Apostel nicht, wie später Origenes in seiner platonisierenden Interpretation meinte, das hermeneutische Problem von Schriftlichkeit und Mündlichkeit im Blick, sondern das Gegenüber von Gesetz und Evangelium bzw. von altem und neuem Bund. So wirkt der Geist nach reformatorischer Lehre nicht ohne den Buchstaben, wobei nun freilich nicht der Buchstabe des Gesetzes, sondern der Buchstabe der Schrift als Urkunde des Evangeliums gemeint ist.

Nur weil und sofern die Schrift das Evangelium bezeugt, ist sie nach klassischer reformatorischer Lehre allein Quelle und Maßstab christlichen Glaubens, christlicher Lehre und christlichen Lebens. Man beruft sich dafür auf Luthers Formel «sola scriptura», die freilich nicht für sich steht, sondern zu vier sich wechselseitig erläuternden solus-Formeln gehört: Sola scriptura – solus Christus – sola gratia – sola fide. Allein die Schrift ist Quelle und Maßstab des Glaubens, weil und sofern sie Christus bezeugt, der allein die Quelle des Heils ist, nämlich des den Sünder freisprechenden Evangeliums. Die Rechtfertigung des Sünders erfolgt um Christi willen allein aus Gnaden – und zwar allein durch den Glauben an das Evangelium, wie es eben von der Schrift bezeugt wird.

Bei Luther gibt es freilich kein abstraktes Schriftprinzip, das als

Formalprinzip von der Rechtfertigungslehre als Materialprinzip reformatorischer Theologie zu unterscheiden wäre, wie es später der Neuprotestantismus getan hat[138], sondern «principium» aller Theologie ist nach Luther die Klarheit der Schrift[139], wobei er nochmals zwischen der äußeren und der inneren Klarheit – zwischen *claritas externa* und *claritas interna* – unterscheidet.[140] Das äußere Wort vermag nichts ohne das Wirken bzw. das innere Zeugnis des Heiligen Geistes, auch, im Anschluss an Calvin, *testimonium spiritus sancti internum* genannt. Nur so kann das äußere Wort zum Medium des Geistes werden, dessen Werk in der Gewissheit des Glaubens besteht. Es bezieht sich das *testimonium spiritus sancti internum* aber auf nichts anderes als das äußere Wort, d. h. auf die äußere, philologisch-grammatische Klarheit des Wortlauts der biblischen Texte.

Gemäß der lutherischen Konkordienformel von 1577 «bleibt allein die Heilige Schrift der einig Richter, Regel und Richtschnur, nach welcher als dem einigen Probierstein sollen und müssen alle Lehren erkannt und geurteilt werden, ob sie gut oder bös, recht oder unrecht sein».[141] Ähnlich formulieren die reformierten Bekenntnisschriften.[142] Abgesehen davon, dass die Konkordienformel das reformatorische Schriftprinzip im Vergleich mit Luther auf seine kriteriologische Funktion reduziert, hat dieses sowohl im Luthertum als auch in den reformierten Kirchen eine antikatholische – oder sagen wir besser: eine antirömische – Stoßrichtung. Nicht die kirchliche Tradition und nicht das Lehramt, sondern allein die Schrift ist die maßgebliche Norm für Theologie und Verkündigung.

Die altprotestantische Orthodoxie hat dieses Schriftverständnis durch die Lehre von der Verbalinspiration abzusichern versucht. Ihr zufolge ist Gott der eigentliche Autor der Schrift, während die menschlichen Schriftsteller lediglich die Hand (*manus*), die Schreibfedern

---

[138] Vgl. *C. Ullmann*, Vierzig Sätze, S. 14f.

[139] WA 7,97,26; 7,317.

[140] Vgl. *M. Luther*, De servo arbitrio (WA 18, 606ff). Zur *claritas scripturae* bei Luther siehe *B. Rothen*, Die Klarheit der Schrift, Bd.1; *E. Herms*, Äußere und innere Klarheit.

[141] BSLK 769,22–27.

[142] Belege in BSRK 154f (Züricher Bekenntnis 1545); 134,15–22 (Confessio Belgica 1561); 500,35–37 (Waldenser-Bekenntnis 1655); 506f (Anglikanische Artikel 1552/62); 526f (Irische Artikel 1615); 542–547 (Westminster-Confession 1647); 87f (Bekenntnis der Calvinistischen Methodisten 1823); 905,12–14 (Bekenntnis der Genfer Freikirche 1848).

(*calami*) oder die Schreibtafeln (*tabelliones*) des Heiligen Geistes sind.[143] Auch wenn die Subjektivität und Produktivität der menschlichen Autoren nicht völlig ausgeschaltet wird, gelten sie im Sinne der mittelalterlichen Unterscheidung zwischen Erst- und Zweitursache doch nur als Zweitursache der Heiligen Schrift.

Für die Inspiration der biblischen Autoren und die Urheberschaft des Heiligen Geistes stützt sich die altprotestantische Orthodoxie auf biblische Aussagen. Locus classicus der Inspirationslehre ist 2Tim 3,16: «Alle Schrift (πᾶσα γραφή), von Gott eingegeben (θεοπνεύστος), ist nützlich zur Belehrung, zur Zurechtweisung, zur Besserung, zur Erziehung in der Gerechtigkeit.» Der Gedanke der Theopneustie findet sich auch in 2Petr 1,19–21. Der unbekannte Verfasser erklärt in V. 20, dass sich keine Weissagung der Schrift (πᾶσα προφητεῖα γραφῆς) menschlicher Anschauung verdanke. «Denn was an Weissagung einst ergangen ist, geht nicht auf den Willen eines Menschen zurück, vielmehr haben, getrieben vom Heiligen Geist (ὑπο πνεύματος ἁγίου φερόμενοι), Menschen im Auftrag Gottes gesprochen» (V. 21).

Zwar ist die biblisch begründete Lehre von der Inspiration der Heiligen Schrift keine Erfindung der Reformation, sondern eine bis in die Alte Kirche zurückreichende Vorstellung, doch erhält sie kontroverstheologisch eine neue Bedeutung. Während die Inspirationslehre in der Alten Kirche und in der Theologie des Mittelalters die Lehre von einem mehrfachen Schriftsinn begründet, über dessen Auslegung das kirchliche Lehramt wacht, das wiederum mit seiner Hilfe und der Idee des *sensus plenior* dogmatische Lehren aufstellen kann, die sich nicht in der Bibel finden, hat schon Luther die Lehre vom mehrfachen Schriftsinn schlussendlich verworfen und allein den *sensus litteralis* gelten lassen,[144] wenngleich die Bibel nach seiner Auffassung insgesamt – d. h. also auch das Alte Testament – als Christuszeugnis zu lesen ist.

Schrift und Bekenntnis

Unbeschadet aller Annäherungen im ökumenischen Gespräch zum Verhältnis von Schrift und Tradition besteht in diesem Punkt zwi-

---

[143] So z. B. *J. A. Quenstedt*, Theologia didactica-polemica, 3. Aufl. Wittenberg 1696, Bd. I, S. 55. 68.

[144] WA 16, 68, 11f; 69, 28–30.

schen protestantischer und römisch-katholischer Schriftauslegung weiterhin ein theoretischer Gegensatz. Nach katholischer Tradition ist nämlich die Heilige Schrift «eher ins Herz der Kirche als auf Pergament geschrieben»[145]. Die Schrift ist daher «in der lebendigen Überlieferung der Gesamtkirche zu lesen»[146], was nichts anderes bedeutet, als dass alles, was die Art der Schrifterklärung betrifft, «letztlich dem Urteil der Kirche»[147] untersteht. Die wissenschaftliche Exegese hat sich also nach wie vor dem kirchlichen Lehramt unterzuordnen. Bezeichnenderweise hält die römisch-katholische Lehre weiter an der Lehre vom vierfachen Schriftsinn in ihrer vorreformatorischen Fassung und an der exegetischen Methode der Allegorese fest. Ausdrücklich erklärt das Zweite Vatikanische Konzil, es sei und bleibe die Aufgabe des Exegeten, nach den Regeln des mehrfachen Schriftsinns «auf ein tieferes Verstehen und Erklären des Sinnes der Heiligen Schrift hinzuarbeiten».[148] Das historisch-kritische Bemühen um den Literalsinn ist lediglich eine «wissenschaftliche Vorarbeit» für das «Urteil der Kirche»[149], d. h. die letztgültige Auslegung der Schrift durch das Lehramt.[150]

Freilich kennen auch die Kirchen der Reformation eine normative Traditionsbildung in Gestalt der Bekenntnisschriften des 16. Jahrhunderts. Für Schleiermacher ist sogar abwegig, in der alleinigen Berufung auf die Bibel das Proprium evangelischer Theologie zu sehen. «Durch die Schrift unmittelbar kann [...] immer nur nachgewiesen werden, daß ein aufgestellter Lehrsatz christlich sei, wogegen der eigentümlich protestantische Gehalt desselben dahingestellt bleibt.»[151] Seine Überzeugung nach müssen sich alle Sätze, die einen Anspruch darauf erheben, evangelisch zu sein, «durch Berufung auf evangelische Bekenntnisschriften und in Ermangelung deren auf die Neutestamentlichen Schriften, teils durch Darlegung ihrer Zusammengehörigkeit mit andern schon anerkannten Lehrsätzen» bewähren.[152] An die Stelle einer Hermeneutik der Heiligen Schrift tritt daher bei

---

145 Katechismus der Katholischen Kirche, Nr. 113.
146 Ebd.
147 Dei Verbum 12,3.
148 Ebd.
149 Ebd.
150 Vgl. auch Katechismus der Katholischen Kirche, Nr. 115–119.
151 *F. Schleiermacher*, Der christliche Glaube, S. 149 (§ 27,1).
152 *F. Schleiermacher*, Der christliche Glaube, Leitsatz zu § 27 (S. 148).

Schleiermacher eine Hermeneutik der reformatorischen Bekenntnisschriften, die mehr auf den Geist als auf den Buchstaben achtet.[153] Sie hat zur Voraussetzung, dass die Bekenntnisschriften der lutherischen und der reformierten Tradition gleichberechtigt sind, und «daß nur dasjenige in diesen Bekenntnisschriften dem Protestantismus wirklich wesentlich sein kann, worin sie sämtlich zusammenstimmen»[154].

Die liberale Theologie seit der Aufklärung hat freilich die Verbindlichkeit der reformatorischen Bekenntnisschriften in Frage gestellt. Der Schleiermacher-Schüler Alexander Schweizer (1808–1888) erklärte: «Unsere Väter haben ihren Glauben bekannt, und wir bemühen uns, ihre Bekenntnisse zu glauben.»[155] In den evangelischen Kirchen der Schweiz wurde die Bekenntnisbindung im 19. Jahrhundert überhaupt aufgehoben. Versuche, sie wieder einzuführen, sind bis heute gescheitert. Auch die Methodistische Kirche kennt keine Bindung an reformatorische Bekenntnisschriften. Sie berufen sich stattdessen auf den «apostolischen Glauben». Allerdings gibt Eberhard Busch zu bedenken, dass die Autorität des kirchlichen Bekenntnisses nach evangelischem Verständnis eine geistliche und keine juristische ist, weshalb mit der äußeren, juristischen Bindung keineswegs seine theologische Autorität beseitigt sei.[156] Die Verbindlichkeit des Bekenntnisses aber kann nicht ohne das Moment der Freiheit gedacht werden. Das bedeutet, dass das Bekenntnis immer wieder zu befragen ist, ob es das Verständnis der Bibel und des in ihr bezeugten Evangeliums versperrt oder öffnet, ob es das Evangelium sachgemäß zu Wort kommen lässt oder menschlichem Zwang und kirchlicher Willkür unterwirft. Von da aus ist es denkbar, «daß Bekenntnisse geändert oder sogar außer Kraft gesetzt werden, aber undenkbar, daß man ohne Bekenntnis in der Kirche leben kann»[157]. Schon Schleiermachers Bekenntnishermeneutik stellt freilich klar, dass es nicht genügt, die Bekenntnisschriften der Reformation oder andere kirchliche Bekenntnisse lediglich zu rezitieren. Sie müssen vielmehr ihrerseits historisch und systematisch interpretiert werden. Grund und Inhalt des Glaubens sind immer wieder neu in einem hermeneutischen Zirkel zu bestimmen, der sich nicht allein zwischen Schriftgemäßheit und Bekenntnisgemäßheit,

---

153 Vgl. *F. Schleiermacher*, Der christliche Glaube, S. 151 (§ 27,2).

154 *F. Schleiermacher*, Der christliche Glaube, S. 150.

155 Zitiert nach *E. Busch*, Credo, S. 10.

156 *F. Schleiermacher*, Der christliche Glaube, S. 21.

157 Ebd.

sondern zwischen den Polen der Schriftgemäßheit und der Wirklichkeitsgemäßheit bewegt.[158]

Schriftgemäßheit und Wirklichkeitsgemäßheit

Das Kriterium der Schriftgemäßheit ist nicht mit einem formalistischen Bibelgebrauch zu verwechseln, da zwischen Bibel und Heiliger Schrift theologisch und hermeneutisch zu unterscheiden ist. «Bibel» ist ein deskriptiver religions- oder literaturwissenschaftlicher Begriff für die Sammlung jener Schriften, die im Christentum kanonischen Rang haben. «Heilige Schrift» ist demgegenüber ein dogmatisch-normativer Terminus, mit welchem der theologische Geltungsanspruch dieser Schriften innerhalb des Christentums bzw. innerhalb der Kirche zum Ausdruck gebracht wird. Zur Heiligen Schrift wird die Bibel jedoch erst durch ihren kirchlichen Gebrauch. «Schrift» ist die Bibel stets nur als gelesene und ausgelegte. Insofern ist nun aber auch der normative Status der Bibel als Heiliger Schrift rückgebunden an ihren gottesdienstlichen Gebrauch, d. h. an ihre Funktion im Rahmen jener Versammlungen, in welchen nach Confessio Augustana VII das Evangelium rein gepredigt und die Sakramente recht verwaltet werden.

Erst im hermeneutischen Zirkel zwischen Schrift und Situation erschließt sich der Sinn des sogenannten reformatorischen Schriftprinzips. Es zielt nicht auf die formale Vorrangstellung der Bibel gegenüber der kirchlichen Tradition oder sonstigen Quellen theologischer Erkenntnis, sondern auf die Vorrangstellung des Evangeliums als der Botschaft von Jesus Christus, dem Heil der Welt, deren rechtes Verständnis die reformatorischen Väter in der Lehre von der Rechtfertigung zum Ausdruck gebracht haben.[159] Durch das Evangelium, welches das Heilshandeln Gottes bezeugt, wird die Autorität der Schrift begründet wie auch begrenzt. Die Schrift ist darum auf jeweils neue Auslegung durch die Kirche und ihre Bekenntnisse, durch theologische Forschung, aber auch durch die Bibellektüre der einzelnen Christen angewiesen.

Unter «Evangelium» können wir mit Friedrich Mildenberger «die ausgelegte und in einer bestimmten Situation angewandte Schrift»

---

[158] Vgl. *F. Mildenberger*, Grundwissen der Dogmatik, S. 27.
[159] Vgl. Leuenberger Konkordie (1973), Art. 7 u. 8.

verstehen.[160] Kriterium reformatorischer Theologie ist demnach, inwieweit das gegenwärtige Glaubensbewusstsein durch die auf die Zeit angewandte Schrift bestimmt wird und nicht etwa umgekehrt die Schriftauslegung durch den allgemeinen religiösen Zeitgeist.

Bibel und Heilige Schrift

Nach landläufiger Ansicht hat das Entstehen der historisch-kritischen Forschung das reformatorische Schriftprinzip in eine Dauerkrise gestürzt, wenn nicht überhaupt hinfällig werden lassen. Das eigentliche Problem der altprotestantischen Schrifttheologie und ihrer Inspirationslehre ist freilich nicht die Vorstellung eines übernatürlichen Ursprungs der biblischen Texte als solche, sondern die Vorstellung von der Bibel als einem abgeschlossenen Buch, auf welcher die Parole des «sola scriptura» bzw. die altprotestantische Bestimmung der Bibel als *norma normans* und den Bekenntnisschriften als durch die Bibel begründete *norma normata* beruht. Im reformatorischen Schriftprinzip findet die Entwicklung der Vorstellung, dass die Bibel nicht etwa nur aus einzelnen Büchern bestehe, sondern überhaupt als ein zusammenhängendes Buch zu lesen sei, ihren vorläufigen Abschluss. Damit gewinnt auch der Begriff des Kanons eine neue Bedeutung. «Kanon» meint nun eben nicht mehr nur, wie in den Anfängen der Kirchengeschichte, eine *regula fidei*, auch nicht nur eine Liste von Schriften, die für den gottesdienstlichen Gebrauch zugelassen sind und als rechtgläubig bzw. apostolisch gelten, sondern es meint ein zweiteiliges, aus etlichen Einzelschriften zusammengefügtes Buch, bei dem nicht nur der Umfang, sondern auch Komposition und Aufbau eine theologische Bedeutung haben.

Dieses Konzept konnte erst mit der Erfindung des Codex entstehen. Er erlaubte es, dass die Gruppierung von mehreren Schriften in die Struktur eines einzigen großen gebundenen Buches überging.[161] Die Verschmelzung der vielen Schriften zu einem einzigen Buch vollzog sich, als die kanonischen Texte des Christentums ihren Weg nach Westen antraten, wo nicht das Griechische, sondern das Lateinische die *lingua franca* war. Das griechische Plural-Substantiv βιβλία, «Bü-

---

160 Ebd.

161 Vgl. dazu *J. Miles*, Gott, S. 27ff; *J. A. Lo*ader, Die Problematik des Begriffes *hebraica veritas*, S. 246.

cher», wurde nun zu dem gleichklingenden lateinischen Singular-Eigennamen *Biblia* abgewandelt. «Eine grammatikalische Mißdeutung war mit einer epochemachenden kulturellen Umdeutung zusammengetroffen. […] Das lateinische *Biblia* war zu einem großgeschriebenen Eigennamen geworden, einem neuen, singulären Wort für eine neue, singuläre Sache.»[162]

Was aber ist nun «die» Bibel, «die» Schrift, auf welche das reformatorische «sola scriptura» pocht? Es ist ein Kanon mit antikatholischer Stoßrichtung, den man kanonsgeschichtlich als Hybrid bezeichnen muss. Zwar berufen sich die Reformatoren im Sinne der humanistischen Parole «ad fontes!» auf den vermeintlichen Urtext des Alten und des Neuen Testaments. Im Zuge dessen wird auch die *Biblia Hebraica* der Septuaginta vorgezogen, auf welcher das Alte Testament der Vulgata fußt. Sie betonen die Vorgegebenheit, die Externität und unumstößliche Autorität des göttlichen Wortes. In Wahrheit haben sie jedoch keinen vorgefundenen Kanon benutzt, sondern «einen hybriden Kanon *geschaffen*, also einen Kanon, den es vorher noch nie gegeben hat und seitdem auch nur in nationalen Übersetzungen gibt»[163]. Etliche reformierte Bekenntnisschriften enthalten eine vollständige Kanonsliste dieses Hybrids[164], wobei der Aufbau des Neuen Testaments dem altkirchlichen Kanon folgt, von dem die Lutherübersetzung bekanntlich abweicht, indem sie aus theologischen Gründen den Hebräerbrief und den Jakobusbrief zwischen die Johannesbriefe und den Judasbrief reiht. Die Kanonizität und Autorität der nur in der Septuaginta enthaltenen alttestamentlichen Apokryphen wird nicht nur unter Berufung auf das von Hieronymus stammende Argument der *hebraica veritas*, sondern gelegentlich auch mit der Behauptung ihrer fehlenden göttlichen Inspiration bestritten.[165]

Entsprang die Aneignung des hebräischen Kanons durch Hieronymus, auf dessen These von der *hebraica veritas* sich die Reformato-

---

162 *J. Miles*, Jesus, S. 309.

163 *J. A. Lo*ader, Die Problematik des Begriffes *hebraica veritas*, S. 247.

164 BSRK 155,10ff (Züricher Bekenntnis 1545); 222,5–24 (Confessio Gallicana 1559); 233f (Confessio Belgica 1561); 500f (Waldenser-Bekenntnis 1655); 507,10–30 (39 Anglikanische Artikel 1562); 526,18ff (Irische Religionsartikel 1615); 543f (Westminster-Confession 1647); 872,1–13 (Bekenntnis der Calvinistischen Methodisten 1823).

165 Vgl. auch BSRK 526,22–24 (Irische Religionsartikel 1615); 544,11–18 (Westminster-Confession 1647).

ren berufen,[166] in Wahrheit – was heute im christlich-jüdischen Dialog und in der Diskussion über den «canonical approach» zumeist übersehen wird – einer antijüdischen Polemik, so seine Übernahme durch die Reformation antikatholischen Motiven. «In der Luther-Übersetzung und in parallelen Übersetzungen in Volkssprachen wie die berühmten englischen und niederländischen ‹vulgaten› Bibeln wurde genau das gemacht, was in der katholischen Vulgata erreicht wurde: ein neuer Kanon als Berufungsgrund für die Verteidigung gegenüber einer anderen Religionsgemeinschaft.»[167]

Der Hybridcharakter des protestantischen Kanons tritt besonders beim Alten Testament zutage. Auch wenn der hebräische Text zugrunde gelegt wird, folgt der Aufbau doch nicht dem Tanach, sondern der Septuagintatradition, wobei in Erinnerung zu rufen ist, dass die Entscheidung des Judentums, nur den Tanach als jüdische Bibel anzuerkennen und nicht die Septuaginta, ihrerseits eine Polemik gegen das eben die Septuaginta verwendende Christentum enthält. Einen christlichen Kanon, bestehend aus dem hebräischen Alten Testament und dem griechischen Neuen Testament, gibt es nicht und hat es nie gegeben. Die Schrift, auf welche sich die reformatorischen Kirchen berufen, ist streng genommen nicht der Ausgangspunkt, sondern das Produkt der Reformation, nämlich ein aus hebräischem Umfang und griechischer Struktur gemischter, jedoch in einer dritten Sprache – sei es Deutsch[168], Englisch oder sonst eine lebende Sprache – dargebotener Kanon.

Die Rechtmäßigkeit und Notwendigkeit nationalsprachlicher Übersetzungen wird in der Westminster-Confession von 1647 ausdrücklich theologisch begründet. Zwar seien das Hebräische und das Griechische die authentischen Sprachen der unmittelbar von Gott inspirierten biblischen Texte. «But because these Original Tongues are not known to all the People of God, who have Right unto, and Interest in the

---

[166] Ausdrücklich auf Hieronymus berufen sich die 39 Anglikanischen Artikel 1562 bei ihrer Bestreitung der Lehrautorität der alttestamentlichen Apokryphen (BSRK 507,19f).

[167] *J. A. Loader*, Die Problematik des Begriffs *hebraica veritas*, S. 247.

[168] Die erste vollständige deutsche Bibelübersetzung der Reformationszeit war bekanntlich nicht die Übersetzung Martin Luthers, sondern die Zürcher Bibel von 1531 («Froschauer-Bibel», deren einzelne Teile zwischen 1524 und 1529 erschienen sind). Deren Übersetzung des NT fußte zunächst allerdings auf der Übersetzung Luthers, dessen erste Vollbibel 1534 erschien. Vgl. *A. Beutel*, Art. Bibelübersetzungen II.1.

Scriptures, and are commanded in the fear of God, to read and search them, therefore they are to be translated into the vulgar Language of every Nation unto which they come, that the Word of God dwelling plentifully in all, they may worship him in an acceptable Manner; and, through Patience and Comfort of the Scriptures, may have Hope.»[169] Als biblische Begründung wird in einer Fußnote auf 1Kor 14,6ff verwiesen. Für Menschen, die des Hebräischen oder Griechischen unkundig sind, hat der «Urtext» keine andere Bedeutung als die Glossolalie, die nach Paulus nur dann der Auferbauung der Gemeinde dient, wenn sie in verständlichen Worten ausgelegt wird. In Wahrheit handelt es sich bei der reformierten und der lutherischen Bibel jedoch gar nicht um die Übersetzung eines feststehenden Urtextes, sondern um die protestantische Version eines christlichen Kanons, die überhaupt nur in Form von Übersetzungen existiert. Es ist also die Übersetzung das Original – ähnlich wie im Fall der griechisch verfassten Septuaginta.

Dieser Umstand wirft eine Reihe von gewichtigen hermeneutischen und theologischen Fragen auf, die sich an das protestantische Schriftverständnis richten. Leseorientierte Texttheorien stimmen darin überein, dass Texte keine feststehende Bedeutung haben, sondern dass der Sinn eines Textes im Akt des Lesens, d. h. im Vollzug seiner Rezeption, je und je neu entsteht. Im Fall der Bibel aber muss man noch einen Schritt weitergehen und sagen, dass nicht nur der Sinn des Textes, sondern sogar dieser selbst in der Rezeption und ihrer Geschichte neu entsteht. Abgesehen davon, dass der protestantische Hybridkanon nur in Übersetzungen vorliegt, gibt es ja eine Vielzahl von deutschen, englischen oder sonstigen fremdsprachigen Übersetzungen, wobei nochmals zwischen Privatübersetzungen, Leseausgaben und wissenschaftlichen Übersetzungen sowie kirchlich approbierten, d. h. für den gottesdienstlichen Gebrauch zugelassenen, Übersetzungen zu unterscheiden ist. Vor dem Akt des Lesens steht die Auswahl der Übersetzung, in welcher man die Bibel lesen möchte. Mindestens insofern gilt, dass nicht nur der Sinn eines einzelnen Textes, sondern die Bibel als Makrotext im Akt der Rezeption je und je neu entsteht.

Hat sich damit das reformatorische Schriftprinzip, dessen Krise seit den Anfängen der historisch-kritischen Exegese konstatiert wird,

---

[169] BSRK 546,17–30.

endgültig erledigt?[170] Bleibt es bei seiner *De*konstruktion?[171] Oder besteht die Möglichkeit einer rezeptionsästhetischen *Re*konstruktion, die nicht nur literaturwissenschaftlich, sondern auch theologisch überzeugt? Lässt sich dementsprechend auch die Lehre von der Inspiration der Heiligen Schrift in ihrem reformatorischen Verständnis neu erschließen, ohne den altprotestantischen Selbsttäuschungen zu erliegen?

Kirche und Kanon

Wie die Funktion der Bibel als Heilige Schrift lässt sich auch die Idee des Kanons vom Gottesdienst aus verständlich machen. Nicht nur der komplexe Prozess der Kanonisierung der einzelnen biblischen Bücher, der hier nicht im Einzelnen nachgezeichnet werden kann,[172] sondern auch die Idee des Kanons als eines Gesamtwerks ist das Resultat gläubiger Rezeption und Applikation. Dabei ist zwischen der äußeren und der inneren Einheit des Kanons zu unterscheiden.

Wie bereits angesprochen, ist schon der Aufbau des Kanons bzw. seiner beiden Teile – des Alten und des Neuen Testaments – literarisch und theologisch höchst belangvoll. Nicht nur der Umfang, sondern auch der jeweilige Aufbau des Kanons ist eine Regel für die Lektüre, nämlich eine Leseanleitung und Lesestrategie, die bei der Lektüre der einzelnen Bücher und ihrer Texte beachtet werden soll. Allerdings zeigt die Variationsbreite bei der Abfolge der kanonisierten Bücher, dass nicht nur die Einzelexegese, sondern auch eine gesamtbiblische Lektüre für den einzelnen Leser wie für die Interpretationsgemeinschaft Spielräume lässt.

Aufgrund der Funktion der Bibel als heilige, nämlich im Gottesdienst zu rezitierende und zu interpretierende Schrift spielt aber auch das jeweilige liturgische Jahr eine wichtige Rolle als Regel für eine kontinuierliche, synchrone Lektüre. Dieser Gesichtspunkt droht bei einer Lektüre der Bibel rein als Literatur unbeachtet zu bleiben. Die

---

[170] Zur Krise des Schriftprinzips vgl. *U. Körtner*, Theologie des Wortes Gottes, S. 302ff; *J. Lauster*, Prinzip und Methode.

[171] So *H. Avalos*, The End of Biblical Studies, S. 37ff.65ff.

[172] Siehe dazu *W. Künneth*, Art. Kanon. Zum theologischen Problem des Kanons und seiner Relevanz für die Exegese siehe JBTh 3, 1988 (Zum theologischen Problem des Kanons).

Einheit der Schrift wird also im Prozess der gemeinschaftlichen Lektüre immer wieder neu hergestellt.

Gleichwohl behauptet die reformatorische Tradition, dass der Kanon nicht das Produkt der Kirche, die Kirche also nicht das Subjekt der Kanonbildung ist. Nur unter dieser Prämisse macht das reformatorische Schriftprinzip, das «sola scriptura», wonach die Heilige Schrift allein Quelle des Glaubens und jedes kirchliche Auslegungsprivileg zurückzuweisen ist, Sinn. Inwiefern aber ist diese Behauptung unter den Bedingungen des modernen Geschichtsbewusstseins und der historisch-kritischen Forschung plausibel?

Zur Beantwortung dieser Frage werfen wir einen Blick auf die Bestimmung des Verhältnisses von Kanon und Kirche in der Schriftlehre Karl Barths. «Gerade an der Schriftlichkeit des Kanons, an seinem Charakter als *scriptura sacra*, hängt» nach Barth «seine Selbständigkeit und Unabhängigkeit und also die Lebendigkeit der Sukzession».[173] Die Differenz zwischen Schriftlichkeit und Mündlichkeit christlicher Überlieferung habe deshalb theologisches Gewicht, weil die Kirche in der ungeschriebenen Tradition «nicht angeredet, sondern im Gespräch mit sich selbst begriffen»[174] ist. Einzig aufgrund seiner Schriftlichkeit hat der Kanon «den Charakter einer der Kirche unaufhebbar gegenübergestellten Autorität»[175].

Die Schriftlichkeit allein liefert für die Autorität des Kanons freilich keine hinreichende Begründung, gibt es doch die Fülle der schriftlich fixierten kirchlichen Tradition, deren Bekenntnisse und Dogmen ebenfalls Autorität beanspruchen, die – als eine abgeleitete – von Barth ausdrücklich anerkannt und gegen ihre historische Relativierung im Neuprotestantismus verteidigt wird.[176] Denn die Möglichkeit der individuellen Aneignung der Schrift, d. h. aber doch ihrer Wortwerdung, ist nach Barth «geschichtlich bedingt» nicht nur durch die «Freiheit des Einzelnen»[177], sondern auch durch «die Autorität der Kirche»[178] als der dem Individuum vorausgehenden Lese- und Interpretationsgemeinschaft.[179] Die Kanonisierung der biblischen Schrif-

---

[173] *K. Barth,* KD I/1, S. 107.
[174] Ebd.
[175] Ebd.
[176] *K. Barth*, Die christliche Dogmatik im Entwurf, S. 473ff (§ 21).
[177] *K. Barth*, Unterricht in der christlichen Religion, S. 305 (§ 10).
[178] *K. Barth*, Unterricht in der christlichen Religion, S. 276 (§ 9).
[179] Vgl. dazu *K. Barth*, Die christliche Dogmatik im Entwurf, S. 475ff.

ten, d. h. aber die Selektion und Auszeichnung eines Ausschnittes der christlichen Tradition bedarf folglich einer zusätzlichen Begründung.

Was nun das Verhältnis von Schrift und Kirche betrifft, fasst Barth die Kirche noch in seiner Dogmatikvorlesung von 1924 und in der «Christlichen Dogmatik im Entwurf» von 1927 als *Subjekt* der Kanonbildung und seiner Auslegung auf: «Mit einem von einem fernen christlichen Geschlecht ausgewählten Kanon habe ich es zu tun.»[180] Mehr noch, die Kirche habe den Kanon nicht nur ausgewählt, sondern «hergestellt»[181]!

In seiner «Kirchlichen Dogmatik» schwächt Barth allerdings den Subjektcharakter der Kirche deutlich ab und betrachtet statt dessen die Schrift selbst als Subjekt, das Macht hat und handelt.[182] Nun wird der Kanon nicht länger primär als Ergebnis eines menschlichen Selektionsaktes betrachtet, sondern als autopoietisches Subjekt: «Die Bibel macht sich selbst zum Kanon. Sie ist Kanon, weil sie sich als solcher der Kirche imponiert hat und immer wieder imponiert.»[183] Sie imponiert sich[184] der Kirche aber nicht aufgrund ihrer formalen Bestimmung als Zeugnis der Propheten und Apostel, sondern *kraft ihres besonderen Inhalts*, der in dem Namen Jesu Christi zusammengefasst ist: «Immanuel! Gott mit uns!»[185] Einzig dieser Inhalt begründet den Unterschied der biblischen Schriften von aller sonstigen Literatur und macht sie zur *heiligen* Schrift. Zwar sei die Schrift «dem Verständnis und Missverständnis der Welt ausgesetzt, aber darum *nicht ausgeliefert*. Die Schrift ist in der Hand, sie ist aber *nicht in der Macht* der Kirche.»[186]

In der Auseinandersetzung mit postmodernen Texttheorien und Versuchen, diese auf die Bibel zu übertragen, sollten Barths kritische Hinweise zur relativen Autonomie des Lesers/der Leserin ernsthaft bedacht werden. Kritisch bleibt aber anzumerken, dass Barth nun zugunsten der Betonung der Alleinwirksamkeit der Gnade die 1924

[180] *K. Barth*, «Unterricht in der christlichen Religion», S. 282.
[181] *K. Barth*, «Unterricht in der christlichen Religion», S. 283.
[182] Vgl. *K. Barth*, KD I/2, S. 754.756.
[183] *K. Barth*, KD I/1, S. 110.
[184] Wolfgang Krötke vermutet, wie er mir mündlich mitgeteilt hat, dass Barths ungewöhnliche Wendung «sich imponieren» durch eine Bemerkung Goethes über Rom in seiner «Italienischen Reise» beeinflusst ist.
[185] *K. Barth*, KD I/1, S. 110.
[186] Ebd.

bzw. 1927 klar erkannte Aktivität des Lesers/der Leserin im Akt der aneignenden Lektüre, d. h. aber seine/ihre produktive Mitwirkung beim Zustandekommen von Sinn tendenziell verschleiert. Neuere systematisch-theologische Entwürfe versuchen demgegenüber, leserorientierte bzw. rezeptionsästhetische Texttheorien für die Lehre von der Heiligen Schrift theologisch fruchtbar zu machen.[187]

Man wird sogar noch einen Schritt weiter gehen und sagen können, dass schon der biblische Kanon eine literarische Montage ist. Indem die alttestamentlichen und neutestamentlichen Schriften aus einer umfangreicheren religiösen Literatur ausgesondert und – in verschiedenen Varianten – zu einem Kanon komponiert wurden, entstand ein neuer Makrotext, in welchem der einzelne Leser und die Interpretationsgemeinschaft, der er angehört, immer neue Sinnbezüge entdecken können und sollen. Als Regel oder Richtschnur ist der Kanon nicht nur ein Leitfaden des Glaubens, sondern eine Anweisung zum permanenten Lesen, die Einladung zu einer literarischen Entdeckungsreise. «Die Schrift» ist aber nicht etwa nur das Resultat individueller Leseakte, sondern die Frucht einer gemeinschaftlichen Lesetradition, frühchristlicher und altkirchlicher Gemeinden. Zugleich ist sie eine Anleitung zu fortgesetzter gemeinschaftlicher, synchroner Lektüre der in ihr zusammengestellten Texte. Die Einheit der Schrift lässt sich also weder formal im Sinn einer Kanonsliste – von denen es bis heute mehrere gibt – noch durch die lehramtliche Dogmatisierung eines Sinnbestandes bestimmen. Sie entsteht vielmehr immer wieder neu durch fortgesetzte Lektüre.

Das Wort «Gott» und das Wort Gottes

Die entscheidende Frage lautet nun aber, ob der Kanon lediglich formal oder auch inhaltlich kohärent ist, und wenn ja, ob seine inhaltliche Kohärenz lediglich durch seine Leser im Akt der Lektüre erzeugt wird oder ob diese einer inhaltlichen Anweisung der kanonisierten Schriften folgt. Wenn es einen einheitsstiftenden Bezugspunkt aller biblischen Schriften gibt, so ist es Gott, der Gott Israels und Vater Jesu Christi, von dem in diesen Büchern auf vielfältige Weise geredet und

---

[187] Im deutschsprachigen Raum siehe v. a. *O. Bayer*, Autorität und Kritik; *K. Huizing*, Homo legens; *ders.*, Ästhetische Theologie I; *K. Huizing/U. Körtner/P. Müller*, Lesen und leben; *H. Timm*, Sage und Schreibe. Inszenierungen religiöser Lesekultur.

dessen Reden in ihnen bezeugt wird. Gott ist, wie Paul Ricœur zu bedenken gibt, zugleich das Maß und der Grund für die Unvollkommenheit aller verschiedenartigen Gottesrede in der Bibel. «Das Wort Gott zu verstehen heißt, dem Richtungspfeil seines Sinnes zu folgen. Unter dem Richtungspfeil seines Sinnes verstehe ich seine zweifache Fähigkeit, alle aus den Einzelreden hervorgegangenen Bedeutungen zu vereinen und einen Horizont zu eröffnen, der sich dem Abschluß der Rede entzieht.»[188]

Das Wort «Gott» erfährt aber in der christlichen Bibel seine letztgültige Bestimmung erst dadurch, dass es zum Namen Jesu Christi in Beziehung gesetzt wird. Im Neuen Testament interpretieren sich das Wort «Gott» und der Name Christi wechselseitig. Gott ist der Vater Jesu Christi. Der Vater Jesu Christi aber ist der Gott Israels, den die Schriften des Alten Testamentes bezeugen. Der christliche Kanon versetzt die Schriften des Alten und des Neuen Testamentes in einen hermeneutischen Zirkel, in welchem sich diese wechselseitig interpretieren. Erst in diesem von Altem und Neuem Testament gebildeten hermeneutischen Zirkel erschließt sich also nach christlicher Auffassung der Sinn des Wortes «Gott» bzw. des christlichen Bekenntnisses, dass der Gott Israels der Vater Jesu Christi und als solcher als Geist gegenwärtig ist. Implizit hat der christliche Kanon demnach eine trinitarische Struktur.

Das Wort «Christus» bzw. die Wortverbindung von «Gott» und «Christus» verstehen, heißt dem Richtungspfeil ihres Sinnes zu folgen. Dieser Pfeil aber schießt, um bei der Metapher zu bleiben, über den Wortlaut jedes biblischen Einzeltextes hinaus. «Hermeneutik» – so Odo Marquard – «ist die Kunst, aus einem Text herauszukriegen, was nicht drinsteht.»[189] Wie bei allen Texten, so ist auch an einem biblischen Text nicht allein das Gesagte oder Geschriebene wichtig, sondern auch das Ungesagte und Ungeschriebene, die Leerstellen zwischen den Wörtern und Zeilen.[190] Auch die neutestamentlichen Aussagen über Christus weisen über sich hinaus, nicht nur zurück zu den Texten des Alten Testaments, sondern auch über die Grenzen des Kanons hinaus, zumal dieser in mehreren Versionen vorliegt und an den Rändern offen ist. Die Wirklichkeit, die mit dem Wort «Christus»

---

[188] *P. Ricœur*, Philosophische und theologische Hermeneutik, S. 42.

[189] *O. Marquard*, Frage nach der Frage, auf die die Hermeneutik die Antwort ist, in: ders., Abschied vom Prinzipiellen, S. 117–146, hier S. 117.

[190] Vgl. *U. Eco*, Lector in fabula, bes. S. 61ff.

im Neuen Testament in ganz unterschiedlichen Wortverbindungen bezeichnet wird, nämlich das Vonwoher gläubiger Existenz in der Gemeinschaft der Glaubenden, findet sich nicht in den Texten selbst, sondern ist zwischen den Zeilen je und je neu, im Ereignis des Lesens und Verstehens, zu entdecken.

Die Kirche als Interpretationsgemeinschaft

Wie Barth schreibt, ist die Schrift in der Hand, nicht aber in der Macht der Kirche.[191] Im Unterschied zu Barth kann man darin sehr wohl ein Ausgeliefert- und nicht nur ein Ausgesetztsein erkennen. Der evangelische Neutestamentler Ernst Käsemann hat die These vertreten, der neutestamentliche Kanon begründe nicht die Einheit der Kirche, sondern die Vielfalt der Konfessionen.[192] Zwar kann man einwenden, dass diese These eine falsche Alternative aufstellt. Wilfried Härle modifiziert sie dahingehend, dass der Kanon «als solcher in der Vielzahl der Konfessionen bzw. kirchlichen Richtungen die Einheit der Kirche (sing!) bewahrt»[193]. Gleichwohl hat Käsemann richtig gesehen, dass Pluralität im Christentum nicht erst eine Folge von Spaltungen, sondern bereits für das älteste Christentum charakteristisch war. Der neutestamentliche Kanon aber repräsentiert diese Pluralität, die zur geglaubten Einheit der Kirche theologisch in ein angemessenes Verhältnis zu setzen ist.

Mehr noch: Es ist die Idee des Kanons, die sich, wie gesehen, nicht nur was das Alte Testament betrifft, im Judentum und in den christlichen Kirchen unterschiedlich verwirklicht, sondern selbst innerhalb der Christenheit auf unterschiedliche Weise realisiert wird. Insofern lässt sich das Diktum Käsemanns dahingehend abwandeln, dass die verschiedenen Gestalten eines gesamtbiblischen Kanons nicht die Einheit der Kirche, sondern die Vielfalt der Konfessionen repräsentiert.

Die verschiedenen Gestalten der jüdischen Bibel bzw. des Alten Testaments sowie der christlichen Bibel mit ihrem Doppelkanon lassen sich im Sinne moderner Intertextualitätskonzepte verstehen. Wie Gerhard Ebeling erklärt hat, ist der biblische Kanon ebenso wie das reformatorische Schriftprinzip «in entscheidender Hinsicht nicht ein

---

[191] *K. Barth*, KD I/2, S. 764.
[192] *E. Käsemann*, Begründet der neutestamentliche Kanon die Einheit der Kirche?
[193] *W. Härle*, Dogmatik, S. 134.

Textabgrenzungsprinzip, sondern ein hermeneutisches Prinzip»[194]. Nimmt man diesen Gedanken ernst, so folgt daraus nicht nur im Gespräch zwischen Christentum und Judentum, sondern auch unter den christlichen Kirchen «der Respekt für die gegenseitige *Begrenzung* und daher bereichernde *Ergänzung*, die verschiedene Textüberlieferungen und -organisationen mit sich bringen»[195]. Wenn jeder Kanon als eine partikulare Realisierung der Idee der Heiligen Schrift verstanden wird, die auf den Austausch mit anderen Gestalten ihrer Realisierung angewiesen ist, ist auch ein Hybrid wie der protestantische Kanon theologisch legitim.

Schriftauslegung geschieht nicht nur unvermeidlich plural, sondern ist auch niemals voraussetzungslos, hat sie doch ihren Ort in der Kirche bzw. den einzelnen Konfessionen als Interpretationsgemeinschaften.[196] Insoweit leuchtet das Postulat einer «kirchlichen Hermeneutik» ein, welches heute als «Hermeneutik des Einverständnisses» (Peter Stuhlmacher)[197] diskutiert wird. Einverständnis mit dem biblischen Text kann freilich bestenfalls das Resultat des Verstehensvorgangs, keinesfalls die Prämisse sein. Folglich kann es nach evangelischem Verständnis auch kein kirchliches bzw. lehramtliches Auslegungsprivileg geben, das die Pluralität des prinzipiell unabschließbaren Auslegungsprozesses steuern und domestizieren soll. Zudem existiert die Kirche geschichtlich nur in der Pluralität der Konfessionen, so dass auch die Idee einer kirchlichen Hermeneutik das Pluralitätsproblem nicht beseitigen kann.

Nach reformatorischer Tradition ist die Kirche, konkret die gottesdienstliche Gemeinde, freilich nicht das Subjekt, sondern das Objekt der Auslegung. Sie ist eine Wort-Schöpfung, «creatura Euangelii» (Luther)[198], d. h. ein Geschöpf des Evangeliums bzw. eine Schöpfung des Wortes Gottes[199]. Wie Luther schreibt, ist die Kirche «nata ex ver-

---

[194] *G. Ebeling*, Dogmatik des christlichen Glaubens I, S. 34.

[195] *J. A. Lo*ader, Die Problematik des Begriffes *hebraica veritas*, S. 249.

[196] Zum Begriff der Interpretationsgemeinschaft siehe *St. Fish*, Is There a Text in This Class?

[197] *P. Stuhlmacher*, Vom Verstehen des Neuen Testaments, bes. S. 205ff.

[198] WA 2,430,6–8.

[199] Die Wendung «creatura verbi» als Bezeichnung für die Kirche lässt sich für Luther nicht nachweisen. Es gibt aber Zitate, die dieser Bezeichnung zumindest nahekommen, z. B. WA 6,560,36–561,1; WA.B 5,591,49–57. Vgl. dazu *M. Trowitzsch*, Die nachkonstantinische Kirche, S. 4, Anm. 6.

bo»[200], wobei es sich bei der Geburt der Kirche aus dem Wort Gottes nicht um einen einmaligen Vorgang in der Vergangenheit, sondern um ein beständiges Geschehen handelt. Ähnlich, wie der Christenmensch nach Luther täglich aus der Taufe neu herauskriecht[201], so wird auch die Kirche als Gemeinschaft der Glaubenden stets aufs Neue aus dem Wort geboren.

Eben in diesem Sinne ist sie creatura verbi. Das evangelische Verständnis von der Kirche als Geschöpf des Evangeliums bringt die Erfahrung zum Ausdruck, dass das menschliche Bemühen um die Auslegung der Schrift in die pneumatologische Erfahrung umschlägt, umgekehrt vom Text der Schrift ausgelegt zu werden. Die Schriftlehre (Skriptologie) bedarf medientheologisch der Lehre vom Heiligen Geist (Pneumatologie). Das bleibt das Wahrheitsmoment der vormodernen Lehre von der Inspiration der Heiligen Schrift. Sie muss freilich unter heutigen hermeneutischen Verstehensbedingungen neu begründet werden. Konkret bedeutet dies, die klassische Inspirationslehre vom Akt der Textproduktion auf den Akt des Lesens zu übertragen: Der «implizite Leser»202 biblischer Texte ist ein solcher, der vom Geist Gottes im Akt des Lesens inspiriert wird und zu einem neuen Verständnis seiner selbst gelangt.[203]

---

200 WA 42,334,12.

201 *M. Luther*, Kleiner Katechismus (BSLK 516,30–38).

202 *W. Iser*, Der implizite Leser.

203 Vgl. *U. Körtner*, Der inspirierte Leser, S. 59ff.108ff.

5. Reformation und Moderne

Über die Reformation hinaus?

Mag auch die Reformation als abgeschlossene historische Epoche betrachtet werden, so ist doch das Reformatorische eine dynamische Größe, die über dieses Zeitalter und die in ihm entwickelten Gestalten theologischen Denkens und christlichen Lebens hinausführt. «Ecclesia reformata semper reformanda – die [nach Gottes Wort] reformierte Kirche ist beständig neu zu reformieren»: Auf diese Formel, die vermutlich von Jodocus van Lodenstein (1620–1677) stammt, hat der nachreformatorische Protestantismus das reformatorische Verständnis von Kirche und Kirchenkritik gebracht. Tatsächlich wäre es verfehlt, wollte man die heutigen protestantischen Kirchen in ungebrochener Kontinuität zu den Reformatoren des 16. Jahrhunderts charakterisieren. Vielmehr markiert die Epochenschwelle der Aufklärung nicht nur in der europäischen Geschichte allgemein, sondern auch innerhalb der Kirchengeschichte eine tiefe Zäsur. Welche bleibende Bedeutung für die nachaufklärerische Moderne sie hat und in welcher Hinsicht die Reformation fortzusetzen ist, ist im neuzeitlichen Protestantismus umstritten. Strittig ist auch, ob der bleibende Auftrag der Reformation unter den Bedingungen der Neuzeit sich allein auf die Dauerreform der Kirche erstreckt oder aber angesichts der in der modernen Gesellschaft aufbrechenden Differenz von Kirche und Christentum noch fundamentaler als in der Reformation des 16. Jahrhunderts verstanden werden muss, nämlich als eine radikale Transformation des bisherigen Christentums überhaupt.

Unter neuzeitlichen Bedingungen wandelt sich die Frage nach der beständigen Reformation der Kirche zu derjenigen nach dem Verhältnis von Christentum und Moderne.[204] Aus christlicher Sicht stellt sich die Frage nach der Legitimität der Neuzeit, wie umgekehrt das neuzeitliche Denken den überkommenen Geltungsanspruch des christlichen Glaubens der Kritik unterzieht. Autonomie ist das grundlegende Prinzip neuzeitlichen Denkens und der gesellschaftlichen Entwicklung in der Moderne. Für die Stellung des Christentums in der Moderne ist

---

[204] Zum Begriff der Moderne vgl. *H. U. Gumbrecht*, Art. Modern, Modernität; *R. Piepmeier*, Art. Modern, die Moderne,; *G. Figal*, Art. Modern/Modernität.

der Vorgang der Säkularisierung grundlegend. Er besagt nicht, wie oftmals kurzschlüssig unterstellt wird, dass die Moderne das Ende jeder Religion eingeleitet habe, sondern zunächst dieses, dass das Christentum fortschreitend aus seiner Funktion als Legitimationsgrundlage der Gesellschaft und ihrer Teilsysteme entlassen und die Religion privatisiert wird. Das Grundproblem des Christentums in der modernen, säkularen Welt hat der evangelische Theologe Friedrich Schleiermacher folgendermaßen bestimmt: «Soll der Knoten der Geschichte so auseinander gehen: das Christenthum mit der Barbarei und die Wissenschaft mit dem Unglauben?»[205] Und Schleiermacher hat bereits eine «immer mehr herannahende Krisis» des Christentums vor Augen.[206] Die protestantische Theologie- und Kirchengeschichte seither lässt sich lesen als Geschichte der gegensätzlichen Versuche, die Frage Schleiermachers zu beantworten. Sie bewegen sich zwischen den Extremen eines aporetischen Antimodernismus, der im Antimodernismus der katholischen Amtskirche vor dem Zweiten Vatikanischen Konzil sein Seitenstück hat, und eines unkritischen Modernismus.

Aus protestantischer Sicht erhebt sich die Frage, ob das Christentum in der Moderne seinen eigenen Folgen begegnet, insbesondere den Folgen der Reformation, oder aber seiner Negation. Während z. B. die Säkularisierungsthese des evangelischen Theologen Friedrich Gogarten ersteres behauptet, vertritt der Philosoph Hans Blumenberg die genau gegenteilige These.[207] Diese Frage ist nicht nur zwischen christlicher Theologie und neuzeitlicher Philosophie, sondern selbst innerhalb von Theologie und Kirche strittig. Umstritten ist bereits Luthers Stellung zur Neuzeit. Während die einen in Luther den Wegbereiter und in der Reformation den Schrittmacher der Moderne sehen, ordnen andere, wie z. B. Ernst Troeltsch, Luther entschieden dem Mittelalter zu.[208] Eine dritte These besagt, dass Luther sowohl zum Spätmittelalter als auch zur Moderne gewissermaßen quer steht und man im Blick auf seine Theologie mit gewissem Recht sogar von einer antizi-

---

[205] *F. Schleiermacher*, 2. Sendschreiben an Lücke, S. 614.

[206] *F. Schleiermacher*, 2. Sendschreiben an Lücke, S. 616.

[207] Vgl. *F. Gogarten*, Verhängnis und Hoffnung der Neuzeit; *H. Blumenberg*, Die Legitimität der Neuzeit.

[208] Siehe dazu *J. Salaquarda*, Die Reformation als Schrittmacherin der Moderne?

pierenden Kritik der Moderne sprechen könne.[209] Ob also von der Reformation aus die Entwicklung in der Moderne eher zu kritisieren ist oder aber umgekehrt unter dem Eindruck der Moderne theologisch über die Reformation hinauszugehen ist, das ist die grundlegende Streitfrage innerhalb des neuzeitlichen Protestantismus.

Der Grundsatz der *ecclesia reformata semper reformanda* hat daher in der Neuzeit ganz unterschiedliche Interpretationen erfahren. Die wichtigsten seien stichwortartig aufgezählt. Historisch ist beim Pietismus des 17. Jahrhunderts zu beginnen, welcher im Gegenzug zur altprotestantischen Scholastik das reformatorische Erbe aus seiner dogmatischen Erstarrung befreien wollte. Namentlich Philipp Jakob Spener forderte in seinen «Pia Desideria» von 1675 nicht nur eine grundlegende Reform des Theologiestudiums, sondern auch eine umfassende Erneuerung des kirchlichen Lebens, welche im reformatorischen Sinne bei der persönlichen Frömmigkeit, d. h. beim Erfahrungs- und Lebensbezug des Glaubens ansetzen sollte. Andererseits versuchte die protestantische Theologie der Aufklärungszeit, die sogenannte Neologie des 18. Jahrhunderts, das Christentum so zu reformieren, dass es als Religion innerhalb der Grenzen der bloßen Vernunft den Prinzipien neuzeitlicher Autonomie und Kritik genügen könne. Während in der Folgezeit die verschiedenen Spielarten des sogenannten Neuprotestantismus die Forderung nach einer entschlossenen Modernisierung des Christentums erhoben haben, erlebte das 19. Jahrhundert im Gegenzug eine ganze Reihe neupietistischer Erweckungsbewegungen. Einer den Anforderungen der Moderne positiv gegenüberstehenden Theologie entspricht die historische Relativierung der im 16. Jahrhundert aufgebrochenen konfessionellen Gegensätze. Praktisch führt diese Gesinnung zu verschiedenen Anläufen einer innerevangelischen Kirchenunion zwischen Lutheranern und Reformierten, welche teilweise den Erfordernissen der Staatsraison gehorcht. Im Gegenschlag aber wird von Lutheranern wie von Reformierten die Rekonfessionalisierung des Protestantismus betrieben. Derart unterschiedlich können also im 19. Jahrhundert die Antworten auf die Frage ausfallen, was der protestantische Grundsatz von der fortzuführenden Reformation besagen soll.

---

[209] Siehe vor allem *W. Mostert*, Sinn oder Gewißheit? Im Anschluss an Mostert, G. Ebeling, und H. A. Oberman siehe auch *M. Trowitzsch*, Die nachkonstantinische Kirche.

Reformatorische Theologie im 20. Jahrhundert

Betrachten wir die Entwicklung des Protestantismus im 20. Jahrhundert, so ergibt sich wiederum ein vielgestaltiges Bild. Einerseits finden die verschiedenen Ansätze des Neuprotestantismus ihre Fortsetzung, andererseits bleibt der Neupietismus ein wichtiger kirchlicher Faktor. Beide Spielarten des Protestantismus entwickeln streckenweise ein äußerst kirchenkritisches Profil, wobei aber die Kirchen- und Theologiekritik ganz unterschiedlich motiviert ist, nämlich – vereinfacht gesagt – auf der einen Seite modernistisch, auf der Gegenseite aber antimodernistisch. Nicht zuletzt aber muss die ökumenische Bewegung verstanden werden als Versuch, die stecken gebliebene Reformation zu vollenden und aus ihrer konfessionalistischen Engführung herauszuführen.

Innerhalb des deutschsprachigen Protestantismus waren es vor allem zwei Bewegungen, die sich dezidiert als Erneuerer reformatorischer Theologie verstanden, indem sie nicht über die Reformation hinaus, sondern zu ihren Quellen zurückführen wollten. Bei der einen Bewegung handelt es sich um die Dialektische Theologie, bei der anderen um die Lutherrenaissance, die im Vergleich mit der erstgenannten in der neueren Forschung auch als «anderer Aufbruch» bezeichnet worden ist.[210] Sie ist mit den Namen Karl Holl, Carl Stange, Paul Althaus, Rudolf Herrmann oder Heinrich Bornkamm, aber auch mit dem Namen des späteren Nationalsozialisten Emanuel Hirsch verbunden. Die Vertreter der Lutherrenaissance – es handelt sich bei dieser Kennzeichnung um eine etwa 1924 auftauchende Fremdbezeichnung – verband sowohl die theologische und religionsphilosophische, als auch die volkskirchentheoretische und politische Abgrenzung gegen die liberale Theologie einerseits und gegen die Kultur- und Kirchenkritik der Dialektischen Theologie andererseits. Die normative Gleichsetzung des Reformatorischen mit der Theologie Luthers – und zwar des jungen Luther – geht im Wesentlichen auf die Lutherstudien Holls zurück.[211] Bei einigen seiner Schüler mutierte die neulutherische Sicht der Volkskirche nach 1929 zu einer völkischen Gesellschaftstheorie, in deren Rahmen auch die Rechtfertigungslehre zur völkisch-politischen Theologie pervertiert wurde.

---

210 *H. Assel*, Der andere Aufbruch.
211 Vgl. *K. Holl*, Luther.

Dem stand die sogenannte Wort-Gottes-Theologie gegenüber, die in der Dialektischen Theologie Karl Barths, Friedrich Gogartens, Eduard Thurneysens, Rudolf Bultmanns und Georg Merz' nach dem ersten Weltkrieg ihre Anfänge hatte und im Zusammenhang des sogenannten Kirchenkampfes während der Zeit des Nationalsozialismus kirchlich wie universitär über Jahrzehnte großen Einfluss übte. Die Dialektische Theologie trat explizit mit dem Anspruch an, gegenüber dem modernistischen Neuprotestantismus das Erbe reformatorischer Theologie neu zur Geltung zu bringen. Nicht das religiöse Bewusstsein des Menschen, sondern einzig das Wort Gottes als Gestalt seiner Selbstoffenbarung sei Erkenntnisgrund und Gegenstand aller Theologie. Und einzig dieses Wort, welches Jesus Christus in Person ist, sei Inhalt und Maßstab kirchlicher Verkündigung, kirchlicher Ordnung und christlichen Lebens. Diesen Grundsatz vertrat die sogenannte Bekennende Kirche während des Kirchenkampfes nicht nur gegenüber der Ideologie der sogenannten Deutschen Christen, sondern auch gegenüber einem politisch angepassten Neuluthertum. So verwirft die Barmer Theologische Erklärung aus dem Jahre 1934 «die falsche Lehre, als könne und müsse die Kirche als Quelle ihrer Verkündigung außer und neben diesem einen Wort Gottes auch noch andere Ereignisse und Mächte, Gestalten und Wahrheiten als Gottes Offenbarung anerkennen»[212], ferner die Annahme, «als gebe es Bereiche unseres Lebens, in denen wir nicht Jesus Christus, sondern anderen Herren zu eigen wären, Bereiche in denen wir nicht der Rechtfertigung und Heiligung durch ihn bedürften»[213]. Verworfen wird aber auch die Lehre, «als dürfe die Kirche die Gestalt ihrer Botschaft und ihrer Ordnung ihrem Belieben oder dem Wechsel der jeweils herrschenden weltanschaulichen und politischen Überzeugung überlassen»[214], und schließlich die Ansicht, «als könne die Kirche in menschlicher Selbstherrlichkeit das Wort und Werk des Herrn in den Dienst irgendwelcher eigenmächtig gewählter Wünsche, Zwecke und Pläne stellen»[215]. Auf diese Weise wurde das Erbe der Reformation selbstkritisch – und in

---

[212] Theologische Erklärung zur gegenwärtigen Lage der Deutschen Evangelischen Kirche (Barmer Theologische Erklärung) vom 31.5.1934, These I (Text zitiert nach EG 810).

[213] A.a.O., These II.

[214] A.a.O., These III.

[215] A.a.O., These VI.

Abgrenzung gegenüber den Vertretern der Lutherrenaissance – unter den Verhältnissen der Nazidiktatur neu zur Geltung gebracht.

Reformatorische Theologie in der Gegenwart

Die Theologie der Bekennenden Kirche ist nicht nur für den deutschsprachigen Protestantismus, sondern für die gesamte Ökumene einflussreich geworden. Die historische Bewertung der Wort-Gottes-Theologie und der Bekennenden Kirche ist freilich umstritten. Die jüngere Theologengeneration fühlt sich nicht nur zu Schleiermacher, sondern auch zum Kulturprotestantismus des 19. Jahrhunderts hingezogen und unterzieht die jüngere Theologiegeschichte einer weitreichenden Revision. Vor allem Ernst Troeltsch steht hoch im Kurs. Christentum und Kultur sollen wieder jene Synthese bilden, die nach Ansicht der dialektischen Theologen, allen voran Karl Barth, Rudolf Bultmann, Friedrich Gogarten, Eduard Thurneysen und Emil Brunner, in der Kulturkatastrophe des 1. Weltkriegs zerbrochen war.

Die Geschichte der Moderne lässt sich als Geschichte fortlaufender Pluralisierungsprozesse begreifen. Sie haben auch die Kirchen der Reformation und ihre Theologie erfasst. Kennzeichen des modernen, reflexiven und prinzipiellen Pluralismus, seiner «Vielspältigkeit»[216], sind unter anderem die Pluralisierung des Religiösen und des Ethischen, gepaart mit einer Wiederentdeckung des Ästhetischen. Alle drei Tendenzen lassen sich auch in der protestantischen Theologie der Gegenwart beobachten. Nicht nur war diese de facto immer schon vielgestaltiger als die katholische. Vielmehr wird der Pluralismus heute geradezu als Wesenszug des Protestantismus gedeutet und theologisch begründet.

Neuprotestantische Kritiker werfen der Wort-Gottes-Theologie vor, den Anforderungen der vielspältigen Moderne nicht gerecht geworden zu sein, sondern eine Neoorthodoxie etabliert zu haben, welche einem Rückfall in vormoderne Denk- und Glaubensweise gleichkomme. Während in der Moderne das Christentum in sein nachkirchliches Stadium eingetreten sei und für diese Phase seiner Entwicklung neue, tragfähige Antworten gefunden werden müssten, habe die Wort-Gottes-Theologie ganz entgegen den Erfordernissen der Zeit zu einer

---

216 Vgl. *T. Rendtorff*, Vielspältiges; im Anschluß an *E. Troeltsch*, Grundprobleme der Ethik, S. 657.

Verkirchlichung der Theologie geführt. Wenn heute gerade in den evangelischen Kirchen des deutschsprachigen Raumes eine zunehmende Entfremdung zwischen Kirche und Bevölkerung zu verzeichnen sei, so sei diese insofern hausgemacht, als eine verkirchlichte Theologie die religiösen Bedürfnisse der Menschen nicht mehr adäquat wahrnehmen könne.[217]

Die neuprotestantische Kritik an der weiteren Entwicklung der Wort-Gottes-Theologie ist in vielen Punkten berechtigt. Wir sollten darüber aber nicht deren ursprüngliche Intention aus dem Blick verlieren. Wie Rudolf Bultmann bereits 1924 schrieb, ging es den Begründern der dialektischen Theologie gerade «nicht um Erneuerung der Orthodoxie, sondern um Besinnung auf die Konsequenzen, die sich aus der durch die liberale Theologie bestimmten Situation ergeben»[218]. Bultmanns Programm der Entmythologisierung bzw. der existentialen Interpretation des Neuen Testaments ist sein spezifischer Versuch, gerade nicht auf antimodernistische Weise die geforderten Konsequenzen zu ziehen und eine Theologie zu entwickeln, welche ihrer Intention nach zwar kirchlich, aber nicht verkirchlicht ist.

Kritik an Tendenzen der Verkirchlichung sind freilich auch anderwärts innerhalb der Bekennenden Kirche und der Wort-Gottes-Theologie geübt worden. Vor allem Dietrich Bonhoeffer hat der Bekennenden Kirche vorgehalten, nur um ihren Selbsterhalt besorgt zu sein, aber z.B. zur Verfolgung und Ermordung der Juden zu schweigen. Auch warf er Barth vor, seinen theologischen Anfängen nicht treu geblieben, sondern in einen Offenbarungspositivismus abgeglitten zu sein. Bonhoeffer selbst trat demgegenüber für eine radikale Reform von Theologie und Kirche ein. Während er auf theologischem Gebiet die Entwicklung einer nichtreligiösen Interpretation biblischer Begriffe forderte und somit in gewisser Weise das Anliegen der neuprotestantischen Theologie aufgriff, diese selbst freilich als unzureichend kritisierte, entwickelte Bonhoeffer auf ekklesiologischem Gebiet die Vision einer «Kirche für andere», die ihre Existenz gerade nicht zum Selbstzweck erklärt, sondern teilhat an der messianischen Sendung Christi und seinen Leiden.

---

[217] Zu dieser Kritik vgl. z.B. *F. Wagner*, Geht die Umformungskrise des deutschsprachigen modernen Protestantismus weiter?, ZNGTh 2, 1995, S. 225–254.

[218] *R. Bultmann*, Die liberale Theologie und die jüngste theologische Bewegung, in: ders., Glauben und Verstehen, Bd.I, Tübingen 1933, ^{9}1993, S. 1–25, hier S.1.

Bonhoeffers praktische Reformvorschläge waren denkbar radikal. So forderte er, die Kirche müsse, um einen Anfang zu machen, «alles Eigentum den Notleidenden schenken. Die Pfarrer müssen ausschließlich von den freiwilligen Gaben der Gemeinde leben, evtl. einen weltlichen Beruf ausüben. Sie muß an den weltlichen Aufgaben des menschlichen Gemeinschaftslebens teilnehmen, nicht herrschend, sondern helfend und dienend. Sie muß den Menschen aller Berufe sagen, was ein Leben mit Christus ist, was es heißt, ‹für andere dazusein›.»[219] Und speziell der deutschen evangelischen Kirche schrieb Bonhoeffer ins Stammbuch, sie werde «den Lastern der Hybris, der Anbetung der Kraft und des Neides und des Illusionismus als den Wurzeln des Übels entgegentreten müssen. Sie wird von Maß, Echtheit, Vertrauen, Treue, Stetigkeit, Geduld, Zucht, Demut, Genügsamkeit, Bescheidenheit sprechen müssen. Sie wird die Bedeutung des menschlichen ‹Vorbildes› (das in der Menschheit Jesu seinen Ursprung hat und bei Paulus so wichtig ist!) nicht unterschätzen dürfen, nicht durch Begriffe, sondern durch ihr ‹Vorbild› bekommt ihr Wort Nachdruck und Kraft.»[220] Überdies forderte Bonhoeffer aber auch eine «Revision der ‹Bekenntnis›frage (Apostolikum); Revision der Kontroverstheologie; Revision der Vorbereitung auf das Amt und der Amtsführung»[221]. Bonhoeffers fragmentarische Neuinterpretation reformatorischer Theologie und reformatorischen Kirchenverständnisses sind über die konfessionellen Grenzen des Protestantismus hinaus in der Ökumene wirksam geworden, nicht zuletzt in den unterschiedlichen Ansätzen einer kontextuellen Theologie der Befreiung. Das ändert freilich nichts an dem Umstand, dass Bonhoeffer zu den Außenseitern des Protestantismus im 20. Jahrhundert zu rechnen ist.

Theologiegeschichte präsentiert sich als eine Vielfalt von aus unterschiedlicher Perspektive erzählten Geschichten. Die so bestehende «Vielspältigkeit» moderner Theologie – modern ist hier zunächst nur als Epochenbezeichnung gemeint und schließt ausgesprochen modernitätskritische Konzeptionen ein – verweist auf Problemkonstellationen, die über viel größere Zeiträume hinweg bestehen als es dem – typisch modernen – Bild von rasch veraltenden theologischen Paradigmen entspricht, auch wenn damit keineswegs der Idee einer *theo-*

---

219 *D. Bonhoeffer*, Widerstand und Ergebung, S. 560.
220 *D. Bonhoeffer*, Widerstand und Ergebung, S. 560f.
221 *D. Bonhoeffer*, Widerstand und Ergebung, S. 561.

logia perennis das Wort geredet werden soll. Notwendig ist daher eine differenzierte Sichtweise der Theologie- und Problemgeschichte, welche aus falschen und letztlich an der Oberflächenstruktur der Probleme neuzeitlicher Theologie verweilenden falschen Alternativen herausführt.

Dazu gehört auch die kritische Untersuchung der theologiepolitischen Prägung und Verwendung von Bezeichnungen wie «liberale» oder «dialektische Theologie», bei denen es sich ebenso wie bei «Kulturprotestantismus» zunächst um polemische und summarische Fremdbezeichnungen handelte, die dann auch als Selbstbezeichnungen verwendet werden konnten.[222] Mit ihnen verbinden sich Theoriekonstruktionen und Selbststilisierungen, die zu gewollten Generalisierungen und vergröbernden Typisierungen führen. Dies kann freilich nicht bedeuten, die Existenz von Alternativen überhaupt zu leugnen und das theologische Konfliktpotential durch die harmonistische Sichtweise abzuschwächen, letztlich handele es sich nur um unterschiedliche Variationen desselben Grundthemas, die sich zu einem Ganzen zusammenfügten, oder den Gegensatz «positioneller» Theologien in einer «kritischen Theologie» aufzuheben.[223]

Bestehende Alternativen lassen sich auch nicht einfach dadurch überwinden, dass man beispielsweise die sachlichen Einwände der dialektischen gegen die liberale Theologie historisch neutralisiert, indem man ihnen eine lediglich zeitgeschichtlich relative Berechtigung zuerkennt.[224] Die «Entdramatisierung» theologischer Konflikte kann nicht um jeden Preis das Ziel sein, weil darin möglicherweise schon eine Unterbietung des theologisch grundlegenden Strittigseins Gottes besteht. «Religiöse Normalität», in der man nicht durch «religiöse Virtuosen» und ihre dauernde «Unruhe und Unzufriedenheit»[225] gestört werden möchte, ist im Lichte der neutestamentlichen Botschaft ein fragwürdiger Zustand. Dieser Einwurf rechtfertigt aber nicht jede

---

[222] Diesen theologiegeschichtlichen Sachverhalt rekonstruiert für den «Kulturprotestantismus» *F. W. Graf*, Kulturprotestantismus. Zur Geschichte des Begriffes «Neuprotestantismus» siehe *H.-J. Birkner*, Über den Begriff des Neuprotestantismus. Zur Geschichte der Bezeichnung «liberale Theologie» siehe v. a. *H.-J. Birkner*, «Liberale Theologie». Auch «dialektische Theologie» war nach Auskunft Barths eine der jungen Bewegung von einem außenstehenden «Zuschauer» angehängte Fremdbezeichnung. Vgl. *K. Barth*, Abschied, S. 536.

[223] Vgl. *D. Rössler*, Positionelle und kritische Theologie.

[224] So richtig *W. Härle*, Am selben Strang?, S. 28.

[225] *F. Wagner*, Umformungskrise, S. 253f.

Form der Dramatisierung und konfliktorientierten Selbststilisierung theologischer Konzeptionen. Gerade die vertiefte Einsicht in das Strittigsein Gottes im Kontext der Moderne führt möglicherweise zur Entschärfung theologischer Gegensätze. Sie sollen keineswegs heruntergespielt werden, reduzieren sich aber sicher nicht einfach auf die Alternative «Barth (bzw. Bultmann) oder Troeltsch».[226] Ebenso wenig dürfen theologische Leitbegriffe wie «Religion» und «Wort Gottes» auf kurzschlüssige Weise gegeneinander ausgespielt werden, wie es heute bisweilen geschieht.

Das Christentum ist Religion des Wortes und Glaube der christliche Begriff für Religion.[227] Kulturtheologische Konzepte, die sich als Aufgüsse kulturprotestantischer Ideen von vorgestern entpuppen, weisen keinen Weg in die Zukunft, sondern gehören zu den Erscheinungsformen der Selbstsäkularisierung von Theologie und Kirche. Die Wort-Gottes-Theologie hat Einsichten zutage gefördert, welche Theologie und Kirche nur zu ihrem Schaden vergessen können. Allerdings muss ihr Anliegen neu interpretiert und rekonstruiert werden, so dass es möglich wird, mit der Rede vom Wort Gottes einen Wahrheitsanspruch zu vertreten, der nicht in autoritäre Behauptungen umschlägt, sondern der Strittigkeit religiöser Erfahrung und ihrer unvermeidlichen Pluralität Rechnung trägt.[228]

Christentum und Moderne

Versuchen wir eine vorläufige Bilanz zu ziehen, so lässt sich die Frage nach dem Verhältnis von reformatorischer Theologie und Moderne nicht mit einem einfachen Entweder-Oder beantworten. Dazu ist die Moderne selbst viel zu ambivalent. Ihren unbestreitbaren Erfolgen und Befreiungsschüben stehen die tödlichen Folgen des Fortschritts gegenüber. Insofern greift die Alternative von Modernismus und Antimodernismus theologisch zu kurz. Ich selbst betrachte es als die Aufgabe von Theologie und Kirche, eine kritische, nicht aber antimodernistische Haltung zur Moderne einzunehmen. Im Anschluss an Johann Georg Hamann möchte ich besser wie der evangelische Theologe Oswald Bayer die Aufgabe der Theologie als Metakritik der Moderne

---

226 Vgl. auch *Chr. Frey*, Brauchen wir einen neuen Kulturprotestantismus?, S. 6.
227 Vgl. *W. Mostert*, Glaube – der christliche Begriff für Religion, S. 197.
228 Siehe dazu umfassend *U. Körtner*, Theologie des Wortes Gottes.

und ihrer gleichermaßen kritischen wie technokratischen Rationalität bestimmen.[229] Neuprotestantische Theologie dagegen verwechselt allzu leicht jede Modernitätskritik mit Antimodernismus.[230] Der Begriff des Antimodernismus, welcher historisch mit dem Antimodernisteneid Pius X. in Verbindung steht und als sein Gegenstück den auf den Reformkatholizismus nach 1900 gemünzten Begriff des Modernismus hat, ist jedoch viel zu pauschal, um zwischen verschiedenen Formen der Kritik der Moderne, zwischen dialektischer Kritik und undialektischer Bekämpfung der Moderne unterscheiden zu können. Wie der polemische Begriff des Modernismus der Moderne eine Uniformität unterstellt, die als solche gar nicht gegeben ist, weil der grundlegende Vorgang dessen, was wir Moderne nennen, in der Ausdifferenzierung aller Lebensbereiche und in der Zunahme ihrer Komplexität besteht, so übersieht der Vorwurf des Antimodernismus allzuleicht die Disparatheit modernitätskritischer Argumentationsweisen.

Was die Moderne als solche betrifft, so bedarf es eines differenzierten Begriffs der Modernisierung, um die Veränderungen zu erfassen, welche sich seit dem 18. Jahrhundert auf den Gebieten von Gesellschaft, Staat und Recht, Ökonomie, Wissenschaft und Kultur in Europa und Nordamerika vollzogen haben. Sodann stellt sich die Frage, aus welcher Perspektive Entwicklungsprozesse wahrgenommen werden. Wurden Modernisierungsprozesse im 19. Jahrhundert im Erfahrungshorizont der Vormoderne und ihrer Gesellschaftsstrukturen gedeutet, so erleben wir heute einen Modernisierungsschub innerhalb der modernen Gesellschaft selbst. An der Wende zum 21. Jahrhundert haben die nachaufklärerischen Modernisierungsprozesse die ihnen entgegenstehenden Widerstände überwunden und treffen nun auf sich selbst und ihre eigenen, genauer gesagt ihre industriegesellschaftlichen Prämissen und Funktionsprinzipien. «Modernisierung *in* den Bahnen der Industriegesellschaft wird ersetzt durch eine Modernisierung *der Prämissen* der Industriegesellschaft, die in keinem der bis heute gebräuchlichen theoretischen Regie- und politischen Rezeptbücher des 19. Jahrhunderts vorgesehen war.»[231] So erleben wir einen

---

[229] Vgl. *J. G. Hamann*, Metakritik über den Purismum der Vernunft; O. *Bayer*, Autorität und Kritik. Zu Hermeneutik und Wissenschaftstheorie.

[230] Vgl. z. B. *H. M. Müller*, Die Postmoderne und die Konfessionen, S. 359–375.

[231] *U. Beck*, Risikogesellschaft, S.14. Siehe auch *ders./A. Giddens/S. Lash,* Reflexive Modernisierung. Eine Kontroverse, Frankfurt a. M. 1996; *U. Beck/W. Bonß* (Hg.), Die Modernisierung der Moderne (stw 1508), Frankfurt a. M. 2001.

Umbruch innerhalb der Moderne selbst, dem weder durch das affirmative Festhalten am Gedankengut der Aufklärung in seiner aus dem 19. Jahrhundert überkommenden Gestalt noch durch anachronistische Versuche, vormoderne Verhältnisse wiedererstehen zu lassen, angemessen begegnet wird. Was heraufzieht, ist möglicherweise aber nicht die von manchen bereits stürmisch begrüßte Postmoderne, sondern *eine andere Moderne*, in welcher wir Zeugen einer reflexiven Modernisierung der Gesellschaft werden.[232]

Vor diesem Hintergrund stellt sich die Frage nach der bleibenden Bedeutung der Reformation für das Christentum in der Moderne nochmals neu. Wie schon angesprochen wurde, besteht ein zentrales Problem der Theologiegeschichte in der Zuordnung der Reformation zum Spätmittelalter einerseits, zur Neuzeit andererseits. Während einerseits die Modernität der Reformatoren bestritten wird, ist andererseits zu fragen, ob die Aufklärung tatsächlich einen so tiefen Bruch in der europäischen Geistes- und Sozialgeschichte markiert, wie es ihrem Selbstverständnis entspricht. Es könnte sein, dass die Kontinuitäten zwischen Spätmittelalter und Moderne größer sind als zumeist angenommen.[233] Dann aber läge in der Theologie der Reformatoren, welche die spätmittelalterliche Theologie einer fundamentalen Kritik unterzogen haben, möglicherweise das Potential für den theologischen Aufbruch in eine ganz andere als die bisherige Moderne, so dass eine vom reformatorischen Denken ausgehende Metakritik der Moderne gerade nicht mit der illusionären bzw. reaktionären Rückkehr zu den geistigen und gesellschaftlichen Grundlagen der Vormoderne zu verwechseln wäre.

Zum Erbe der Reformation gehört der Auftrag protestantischer Kirchen, zu den eigenen theologischen Voraussetzungen zur Überwindung der inhumanen Folgen neuzeitlicher Rationalität in den Bereichen der Ökonomie, der Politik und der Ökologie beizutragen. In diesem Sinne scheint es mir heute unsere Aufgabe zu sein, auch den Satz von der *ecclesia reformata semper reformanda* im Kontext der Globalisierung moderner Produktions- und Gesellschaftsmuster neu durchzubuchstabieren.

---

[232] Vgl. auch *B. Latour*, Wir sind nie modern gewesen.

[233] Vgl. *W. Mostert*, Sinn oder Gewißheit?, S. 87. Siehe auch die weitreichenden Thesen von *W. Hofmann*, Das entzweite Jahrhundert.

Literatur

Assel, H.: Der andere Aufbruch. Die Lutherrenaissance (FSÖTh 72), Göttingen 1994

Arendt, H.: Vita activa oder Vom tätigen Leben, München ^{12}2001

Atze, St.: Ethik als Steigerungsform von Theologie? Systematische Rekonstruktion und Kritik eines Strukturprozesses im neuzeitlichen Protestantismus (TBT 144), Berlin/New York 2008

Avalos, H.: The End of Biblical Studies, Amherst/NY 2007

Barth, K.: Abschied, ZZ 11, 1933, S. 536–544

– Einführung in die evangelische Theologie, Gütersloh ^{3}1980

– Die christliche Dogmatik im Entwurf, Bd. 1: Die Lehre vom Wort Gottes. Prolegomena zur christlichen Dogmatik (1927), hg. v. Gerhard Sauter (GA II/14), Zürich 1982

– Die Kirchliche Dogmatik I/1, Zollikon-Zürich 1932

– Die Kirchliche Dogmatik I/2, Zollikon-Zürich ^{4}1948

– Die Kirchliche Dogmatik IV/1, Zürich 1953

– «Unterricht in der christlichen Religion», Bd. I (1924), hg. v. Hannelotte Reiffen (GA II), Zürich 1985

Bayer, O.: Autorität und Kritik. Zu Hermeneutik und Wissenschaftstheorie, Tübingen 1991

– Aus Glauben leben. Über Rechtfertigung und Heiligung, Stuttgart 1984

– Die reformatorische Wende in Luthers Theologie, ZThK 66, 1969, S.115–150

Beck, U.: Risikogesellschaft. Auf dem Weg in eine andere Moderne, Frankfurt a.M. 1986

Beck, U./Giddens, A./Lash, S.: Reflexive Modernisierung. Eine Kontroverse, Frankfurt a.M. 1996

Beck, U./Bonß, W. (Hg.): Die Modernisierung der Moderne (stw 1508), Frankfurt a.M. 2001

Beintker, M.: Rechtfertigung in der neuzeitlichen Lebenswelt. Theologische Erkundungen, Tübingen 1998

Beutel, A.: Art. Bibelübersetzungen II.1, RGG^{4} I, Tübingen 1998, Sp. 1498–1505

Bieri, P.: Das Handwerk der Freiheit. Über die Entdeckung des eigenen Willens, Frankfurt a.M. ^{2}2004

Birkner, H. J.: «Liberale Theologie», in: M. Schmidt/G. Schwaiger (Hg.), Kirchen und Liberalismus im 19. Jahrhundert (SThGG 19), Göttingen 1976, S. 33–42

– Über den Begriff des Neuprotestantismus, in: ders./Dietrich Rössler (Hg.), Beiträge zur Theorie des neuzeitlichen Christentums (FS Wolfgang Trillhaas), Berlin 1968, S. 1–15

Blumenberg, H.: Die Legitimität der Neuzeit, Frankfurt a.M. 1966

Boff, L.: Und die Kirche ist Volk geworden. Ekklesiogenesis, Düsseldorf 1987

Bonhoeffer, D.: Widerstand und Ergebung. Briefe und Aufzeichnungen aus der Haft, hg. v. Chr. Gremmels, E. Bethge u. R. Bethge in Zusammenarbeit mit I. Tödt (DBW 8), Gütersloh 1998

Braun, H.: Die Problematik einer Theologie des Neuen Testaments, in: ders., Gesammelte Studien zum Neuen Testament und seiner Umwelt, Tübingen ²1962, S. 325–341

Bubner, R./Lesch, W. (Hg.): Die Weltgeschichte – das Weltgericht? Stuttgarter Hegel-Kongreß 1999, Stuttgart 2001

Bultmann, R.: Die liberale Theologie und die jüngste theologische Bewegung, in: ders., Glauben und Verstehen, Bd. I, Tübingen 1933, S. 1–25

– Welchen Sinn hat es, von Gott zu reden?, in: ders., Glauben und Verstehen I, Tübingen 1933, S. 26–37

Bultmann, R./Jaspers, K.: Die Frage der Entmythologisierung, München 1954

Busch, E.: Credo. Das Apostolische Glaubensbekenntnis, Göttingen 2003

Calvin-Studienausgabe, hg. v. E. Busch u.a., Bd. 3: Reformatorische Kontroversen, Neukirchen-Vluyn 1999

Campi, E.: Consensus Tigurinus (1549). Die Einigung zwischen Heinrich Bullinger und Johannes Calvin über das Abendmahl. Werden – Wertung – Bedeutung, Zürich 2009

Ebeling, G.: Das Verständnis von Heil in säkularisierter Zeit, in: ders., Wort und Glaube III, Tübingen 1975, S. 349–361

– Dogmatik des christlichen Glaubens I, Tübingen ²1982

– Dogmatik des christlichen Glaubens III, Tübingen 1979

– Frei aus Glauben (SGV 250), Tübingen 1968

– Luther. Einführung in sein Denken, Tübingen ⁴1981

Eco, U.: Lector in fabula. Die Mitarbeit der Interpretation in erzählenden Texten, München 1987

Figal, G.: Art. Modern/Modernität, RGG^4 V, Tübingen 2002, Sp. 1376–1378

Fischer, J.: Theologische Ethik. Grundwissen und Orientierung (Forum Systematik 11), Stuttgart 2002

Fish, St.: Is There a Text in This Class? The Authority of Interpretive Communities, Cambridge, Mass. 1980

Frankfurt, H.G.: Freiheit und Selbstbestimmung, hg. v. M. Betzler u. B. Guckes (Polis, Bd. 1), Berlin 2001

Frey, Chr.: Brauchen wir einen neuen Kulturprotestantismus?, ZEE 34, 1990, S. 3–6, hier S. 6.

Friedrich, M.: Von Marburg bis Leuenberg. Der lutherisch-reformierte Gegensatz und seine Überwindung, Waltrop 1999

Gloege, G.: Gnade für die Welt, in: E. Wilkens (Hg.), Helsinki 1963. Beiträge zum Gespräch des Lutherischen Weltbundes, Berlin /Hamburg 1964, S. 303–328

Gogarten, F.: Verhängnis und Hoffnung der Neuzeit. Die Säkularisierung als theologisches Problem, Frankfurt a.M. 1958

Gollwitzer, H.: … und führen, wohin du nicht willst. Bericht einer Gefangenschaft, München ^{3}1952

Graf, F. W.: Kulturprotestantismus. Zur Begriffsgeschichte einer theologiepolitischen Chiffre, in: H. M. Müller, Kulturprotestantismus. Beträge zu einer Gestalt des modernen Christentums, Gütersloh 1992, S. 21–77

Gumbrecht, H. U.: Art. Modern, Modernität, GG 4, Stuttgart 1978, S. 93–131

Härle, W.: Am selben Strang? Theologische Ethik und Praktische Theologie vor einer Neubestimmung des Verhältnisses des spezifisch Christlichen zum allgemein Menschlichen, in: W. Gräb/ G. Rau/H. Schmidt/J.A. van der Ven (Hg.), Christentum und Spätmoderne. Ein internationaler Diskurs über Praktische Theologie und Ethik, Stuttgart 2000, S. 27–36

– Dogmatik, Berlin/New York 1995

Hamann, J. G.: Metakritik über den Purismum der Vernunft (1784), in: ders., Sämtliche Werke III, hg. v. J.Nadler, Wien 1951, S.281–289

Hamm, B.: Die Emergenz der Reformation, in: ders./M. Welker, Die Reformation – Potentiale der Freiheit, Tübingen 2008, S. 1–27

– Einheit und Vielfalt der Reformation – oder: was die Reformation zur Reformation machte, in: ders./B. Moeller/D. Wendebourg, Reformationstheorien. Ein kirchenhistorischer Disput über Einheit und Vielfalt der Reformation, Göttingen 1995, S. 57–127

– Was ist reformatorische Rechtfertigungslehre?, ZThK 83, 1986, S. 1–38
Hamm, B./Moeller, B./Wendebourg, D.: Reformationstheorien. Ein kirchenhistorischer Disput über Einheit und Vielfalt der Reformation, Göttingen 1995
Hamm, B./Welker, M.: Die Reformation – Potentiale der Freiheit, Tübingen 2008
Hegel, G. W. F.: Vorlesungen über die Religion, hg. v. Ph. Marheineke (Werke XII), Berlin 1832
Herms, E.: Äußere und innere Klarheit des Wortes Gottes bei Paulus, Luther und Schleiermacher, in: Jesus Christus als die Mitte der Schrift, in: Chr. Landmesser/H. J. Eckstein/H. Lichtenberger (Hg.), Jesus Christus als die Mitte der Schrift. Studien zur Hermeneutik des Evangeliums (FS Otfried Hofius [BZNW 86]), Berlin/New York 1997, S. 3–72
– Gesellschaft gestalten. Beiträge zur evangelischen Sozialethik, Tübingen 1991
Hofmann, W.: Das entzweite Jahrhundert – Kunst zwischen 1750 und 1830, München 1995
Holl, K.: Gesammelte Aufsätze zur Kirchengeschichte, Bd. I: Luther, Tübingen 4.51927
Horkheimer, M.: Die Sehnsucht nach dem ganz Anderen. Ein Interview mit Kommentar von H. Gumnior, Hamburg 1970
Huizing, K.: Ästhetische Theologie, Bd. I: Der erlesene Mensch, Stuttgart 2000
– Homo legens. Vom Ursprung der Theologie im Lesen (TBT 75), Berlin/New York 1996
Huizing, K./Körtner, U./Müller, P.: Lesen und leben. Drei Essays zur Grundlegung einer Lesetheologie, Bielefeld 1997
Iser, W.: Der implizite Leser. Kommunikationsformen des Romans von Bunyan bis Beckett (UTB 163), München 1972
Jahrbuch für Biblische Theologie, Bd. 3: Zum theologischen Problem des Kanons, Neukrichen-Vluyn 1988
Jüngel, E.: Das Evangelium von der Rechtfertigung des Gottlosen als Zentrum des christlichen Glaubens. Eine theologische Studie in ökumenischer Absicht, Tübingen 31999
Käsemann, E.: Begründet der neutestamentliche Kanon die Einheit der Kirche?, in: ders., Exegetische Versuche und Besinnungen, Bd. I, Göttingen 61970, S. 214–223
Kafka, F.: Der Prozeß, hg. v. M. Brod (1946), Frankfurt a.M. 51983

Kaufman, G. D.: Theologie für das Nuklearzeitalter (ÖEH 2), München 1987

Kaufmann, Th.: Luther und die reformatorische Bewegung in Deutschland, in: A. Beutel (Hg.), Luther-Handbuch, Tübingen 2005, S. 185–196

Klueting, H.: «Zweite Reformation» – Konfessionsbildung – Konfessionalisierung. Zwanzig Jahre Kontroversen und Ergebnisse nach zwanzig Jahren, HZ 277, 203, S. 309–341

Köpf, U.: Art. Reformation, RGG[4] VII, Tübingen 2004,Sp. 145–159

Körtner, U.: Der inspirierte Leser. Zentrale Aspekte biblischer Hermeneutik, Göttingen 1994

– Der verborgene Gott. Zur Gotteslehre, Neukirchen-Vluyn 2000

– Freiheit und Verantwortung. Studien zur Grundlegung der Theologie (SThE 90), Freiburg i.Ue./Freiburg i.Br. 2001

– Reformiert und ökumenisch. Brennpunkte reformierter Theologie in Geschichte und Gegenwart (STS 7), Innsbruck 1998

– Theologie des Wortes Gottes. Positionen – Probleme – Perspektiven, Göttingen 2001

– Vielfalt und Verbindlichkeit. Christliche Überlieferung in der pluralistischen Gesellschaft (ThLZ.F 7), Leipzig 2002

– Wiederkehr der Religion? Das Christentum zwischen neuer Spiritualität und Gottvergessenheit, Gütersloh 2006

Korsch, D.: Religion mit Stil. Protestantismus in der Kulturwende, Tübingen 1997

Kreuzer, S./Lüpke, J. v. (Hg.): Gerechtigkeit glauben und erfahren. Beiträge zur Rechtfertigungslehre (Veröffentlichungen der Kirchlichen Hochschule Wuppertal. NF 7), Neukirchen-Vluyn/Wuppertal 2002

Künneth, W.: Art. Kanon, TRE 17, Berlin/New York 1988, S. 562–570

Latour, B.: Wir sind nie modern gewesen. Versuch einer symmetrischen Anthropologie, Berlin 1995

Laube, M.: Theologie und neuzeitliches Christentum. Studien zu Genese und Profil der Christentumstheorie Trutz Rendtorffs (BHTh 139), Tübingen 2006

Lauster, J.: Prinzip und Methode. Die Transformation des protestantischen Schriftprinzips und die historische Kritik von Schleiermacher bis zur Gegenwart (HUTh 44), Tübingen 2003

Leppin, V.: Wie reformatorisch war die Reformation?, ZThK 99, 2002, S. 162–176

Lindemann, A.: Paulus im ältesten Christentum (BHTh 58), Tübingen 1979
Loader, J. A.: Die Problematik des Begriffes *hebraica veritas*, HTS 64 (2008), S. 227–251
Lortz, J.: Die Reformation in Deutschland, Bd. I, Freiburg i. Br. 1939
Marquard, O.: Abschied vom Prinzipiellen. Philosophische Studien, Stuttgart 1981
Marquardt, F.-W.: Zur Situation, in ders., Einwürfe 1, München 1983, S. 1–13
Maurer, W.: Art. Reformation, RGG[3] V, Tübingen 1961, Sp.858–873
Mildenberger, F.: Grundwissen der Dogmatik. Ein Arbeitsbuch, Stuttgart [3]1987
Miles, J.: Gott. Eine Biographie, München 1996
– Jesus. Der Selbstmord des Gottessohns, München 2001
Moeller, B.: Die Rezeption Luthers in der frühen Reformation, in: B. Hamm/ B. Moeller/D. Wendebourg, Reformationstheorien. Ein kirchenhistorischer Disput über Einheit und Vielfalt der Reformation, Göttingen 1995, S. 9–29
– Was wurde in der Frühzeit der Reformation in den deutschen Städten gepredigt?, ARG 75, 1984, S. 176–193
Moeller, B. (Hg.): Die frühe Reformation in Deutschland als Umbruch. Wissenschaftliches Symposium des Vereins für Reformationsgeschichte 1996, in Gemeinschaft mit S.E. Buckwalter hg. v. B. Moeller (SVRG 199), Gütersloh 1998
Moltmann, J.: Christoph Pezel (1539–1604) und der Calvinismus in Bremen (HosEc 2), Bremen 1958
– Trinität und Reich Gottes. Zur Gotteslehre, München [2]1986
Moltmann, J. (Hg.): Religion der Freiheit. Protestantismus in der Moderne (KT 74), München 1990
Mostert, W.: Glaube – der christliche Begriff für Religion, in: ders., Glaube und Hermeneutik. GAufs, hg. v. P. Bühler u. G. Ebeling, Tübingen 1998, S. 186–199
– Ist die Frage nach der Existenz Gottes wirklich radikaler als die Frage nach dem gnädigen Gott?, ZThK 74, 1977, S. 86–122
– Sinn oder Gewißheit? Versuche zu einer theologischen Kritik des dogmatischen Denkens (HUTh 16), Tübingen 1976
Müller, H.M.: Die Postmoderne und die Konfessionen, ZThK 87, 1990, S. 359–375
Müller, W.E.: Evangelische Ethik. Darmstadt 2001

Nietzsche, F.: Die fröhliche Wissenschaft, in: ders., Werke in drei Bänden, hg. v. K. Schlechta, Bd. II, Darmstadt [9]1982, S. 7–274
– Unzeitgemäße Betrachtungen. Erstes Stück: David Strauss. Der Bekenner und der Schriftsteller, in: ders., Werke, hg. v. G. Colli u. M. Montinari (KGA III/1), Berlin/New York 1972, S. 153–238
Oberman, H.A.: Zwei Reformationen. Luther und Calvin – Alte und Neue Welt, Berlin 2003
Peters, A.: Rechtfertigung (HST 12), Gütersloh 1984
Piepmeier, R.: Art. Modern, die Moderne, HWP 6, Darmstadt 1984, Sp. 54–62
Ratschow, C.H.: Gott existiert. Eine dogmatische Studie, Berlin 1966
Rendtorff, T.: Ethik. Grundelemente, Methodologie und Konkretionen einer ethischen Theologie, 2. Aufl., Bd. I, Stuttgart 1990
– Institution der Freiheit. Volkskirche in der Dimension des Bekenntnisses, LM 15, 1976, S. 18–21
– Vielspältiges. Protestantische Beiträge zur ethischen Kultur, Stuttgart 1991
Ricœur, P.: Philosophische und theologische Hermeneutik, in: ders./ Eberhard Jüngel, Metapher. Zur Hermeneutik religiöser Sprache, München 1974, S. 24–45
Rössler, D.: Positionelle und kritische Theologie, ZThK 67, 1970, S. 215–231
Rothen, B.: Die Klarheit der Schrift, 2 Teile, Göttingen 1990
Salaquarda, J.: Die Reformation als Schrittmacherin der Moderne?, WJTh 1, 1996, S. 139–156
Sanders, E. P.: Paulus und das palästinische Judentum. Ein Vergleich zweier Religionsstrukturen (StUNT 17), Göttingen 1985
Sauter, G.: Rechtfertigung – eine anvertraute Botschaft. Zum unentschiedenen Streit um die «Gemeinsame Erklärung zur Rechtfertigungslehre», EvTh 59, 1999, S. 32–48
Schenk, R.: Eine Ökumene des Einspruchs. Systematische Überlegungen zum heutigen ökumenischen Prozeß aus einer römisch-katholischen Sicht, in: H. Otte/R. Schenk (Hg.), Die Reunionsgespräche im Niedersachsen des 17. Jahrhunderts. Royas y Spinola – Molan – Leibniz (SKGNS 37), Göttingen 1999, S. 225–250
Schiller, F.: Werke in drei Bänden, unter Mitwirkung von G. Fricke hg. v. H. G. Köpfert, Darmstadt [5]1984
Schilling, H. (Hg.): Die reformierte Konfessionalisierung in Deutschland – das Problem der «Zweiten Reformation» (SVRG 195), Gütersloh 1986.

Schleiermacher, F.: Der christliche Glaube nach den Grundsätzen der evangelischen Kirche im Zusammenhange dargestellt (^{2}1830), hg. v. Martin Redeker, 2 Bde. Berlin 1960

– 2. Sendschreiben an Lücke, in: ders., Sämtliche Werke I/2, Berlin 1836, S. 605–653

Schoeps, H.-J.: Paulus. Die Theologie des Apostels im Lichte der jüdischen Religionsgeschichte, Tübingen 1959

Schopenhauer, A.: Die Welt als Wille und Vorstellung, Bd. I, hg. v. W. v. Löhneysen, Frankfurt a.M. 1976

Schweitzer, A.: Die Mystik des Apostels Paulus, Tübingen 1930

Seebaß, G.: Art. Reformation, TRE 28, Berlin/New York 1997, S. 386–404

Stuhlmacher, P.: Vom Verstehen des Neuen Testaments. Eine Hermeneutik (NTD Erg. 6), Göttingen 1979

Subilia, V.: Die Rechtfertigung aus Glauben. Gestalt und Wirkung vom Neuen Testament bis heute, Göttingen 1981

Tillich, P.: Der Protestantismus als Kritik und Gestaltung – Schriften zur Theologie I (GW VII), Stuttgart 1962

– Ende der protestantischen Ära?, in: ders., GW VII, Stuttgart 1962, S. 151–170

– Die protestantische Verkündigung und der Mensch der Gegenwart, in: ders., GW VII, Stuttgart 1962, S. 70–83

– Systematische Theologie, Bd. III, Stuttgart 1966

Timm, H.: Sage und Schreibe. Inszenierungen religiöser Lesekultur, Kampen 1995

Troeltsch, E.: Grundprobleme der Ethik, in: ders., Gesammelte Schriften II, Tübingen 1913, S. 552–672

– Protestantisches Christentum und Kirche in der Neuzeit (Die Kultur der Gegenwart I/IV, 1 [1906] ^{2}1909), Sonderdruck 1922

Trowitzsch, M.: Die nachkonstantinische Kirche, die Kirche der Postmoderne – und Martin Luthers antizipierende Kritik, BThZ 13, 1996, S. 3–35

Ullmann, C.: Vierzig Sätze, die theologische Lehrfreiheit innerhalb der evangelisch-protestantischen Kirche betreffend, ThStKr 16, 1843, S. 1–35

Wagner, F.: Geht die Umformungskrise des deutschsprachigen modernen Protestantismus weiter?, ZNGTh 2, 1995, S. 225–254

Wallmann,J./u. a., Art. Protestantismus, in: RGG^{4} VI, Tübingen 2003, Sp. 1717–1743

Walther, Chr.: Strukturwandel der Fr
ellen Kontroverse, in: Zeitschrift f
S. 267–277

Weder, H.: Neutestamentliche Hermer

Wendebourg, D.: Die Einheit der Re
lem, in: B. Hamm/ B. Moeller/D. \
rien. Ein kirchenhistorischer Disp
Reformation, Göttingen 1995, S. 3

Wilkens E. (Hg.): Helsinki 1963. Bei
rischen Weltbundes, Berlin/Hambu

Wrede, W.: Paulus, in: K. H. Rengsto
neueren deutschen Forschung (Wd